Bekommert God Zich om Ossen?

Bekommert God Zich om Ossen?

Over het herstel van de Bijbelse doctrine van rentmeesterschap

Ruben Alvarado

Vertaling: Benjamin Lensink

WordBridge
PUBLISHING
εν αρχη ην ο λογος
AALTEN, THE NETHERLANDS

WORDBRIDGE PUBLISHING
Aalten, the Netherlands
www.wordbridge.net
info@wordbridge.net

ISBN 978–90–76660–73–8

OMSLAGILLUSTRATIE: "De binnenkomst van de dieren in de ark van Noach" door Jan Brueghel de Oude (1613). De illustratie aan de binnenkant van de omslag is de "Leger-Ordening der XII Stammen met de Leviten rondom den Tabernakel," in Petrus Cunaeus, *De Republyk der Hebreen* (Amsterdam: Andries van Damme, 1704), deel 2, tegenoverliggende bl. 506. Beide afbeeldingen bevinden zich in het publieke domein.

INHOUDSOPGAVE

TOEWIJDING

Aan E. Calvin Beisner, een van de weinige christelijke academici die voor Bijbelse waarheid in de bres springen.

INLEIDING

Veel verzen in de Bijbel bespreken de natuurlijke schepping. Vele van hen passeren de revue wanneer men een van de talloze teksten raadpleegt die door christelijke milieuactivisten zijn voorgelegd. Maar er is één passage die compleet genegeerd wordt. Het is de passage die de titel van dit boek heeft geïnspireerd.

In zijn eerste brief aan de kerk in Korinthe moet Paulus zijn bediening verdedigen tegen beschuldigingen dat hij de kerk voor materieel gewin zou uitbuiten. Zelfs wanneer hij materiële voordelen van de kerk zou ontvangen – hoewel hij duidelijk maakt dat dit niet het geval was – zou het niet verkeerd van hem zijn dit te doen. "Wie dient ooit in het leger en betaalt zijn eigen soldij? Wie plant een wijngaard en eet niet van zijn vrucht? Of wie weidt een kudde en voedt zich niet met de melk van de kudde?" (1 Korinthe 9: 7). Het was dus zijn volste recht dit te doen, hoewel hij ervoor gekozen heeft dat hij geen gebruik van dat recht wilde maken. "Zo heeft de Heere ook met het oog op hen die het Evangelie verkondigen, opgedragen dat zij van het Evangelie leven. Ik heb hiervan echter geen gebruik gemaakt" (vv. 14–15).

Een dergelijk recht is volgens Paulus niet op menselijke redenering gebaseerd, maar op de Thora, de wet van het Oude Testament. "Spreek ik dit naar de mens? Of zegt ook de wet niet hetzelfde?" (v. 8). En welke wet is het, die hij dan aanhaalt? Een wet die de behandeling van dieren reguleert! "Want in de wet van Mozes staat geschreven: u mag een dorsende os niet muilbanden" (v. 9) Wat heeft dat met de materiële voorziening voor predikers van het evangelie te maken? *Alles.* Namelijk: "Bekommert God Zich alleen maar om de ossen? Of zegt Hij dit vooral om ons? Jawel, om ons is geschreven dat wie ploegt, in hoop hoort te ploegen, en dat wie in hoop dorst, het deel waarop hij hoopt, hoort te krijgen" (vv. 9–10). God spreekt *"vooral,"* d.w.z., *in alle opzichten* [pantós] ter wille van ons. Dat betekent geheel, compleet. In andere woorden, God geeft niet zoveel om dieren als Hij om ons geeft. De Thora, zelfs in haar bepalingen die regelen hoe dieren verzorgd moeten worden, is in het belang van de mens.

"Dit woord is hard; wie kan het aanhoren?" (Johannes 6: 60). Het is geen wonder dat dit vers braak ligt te midden van de vele die door christelijke milieubeschermingsliteratuur ijverig gecultiveerd worden.[1] Maar het is zeker een teken dat er iets niet helemaal klopt.

Kan deze terughoudendheid verklaard worden door de angst dat een dergelijk vers verdraaid kan worden in een apologie voor de ongebonden exploitatie van de natuurlijke wereld? Eén denkschool leert precies dit standpunt. Naar zijn mening is het christendom schuldig aan de "ecologische crisis," om de term van Lynn White te gebruiken.

Inderdaad, zelfs voor de publicatie van White's befaamde artikel[2] – in feite vanaf de publicatie van Aldo Leopold's *A Sand County Almanac* [Een Almanak van Sand County] in 1949 – was het in zwang om het christendom de schuld te geven van de druk die de mensheid op de natuur uitoefent.

Nu gaat de kritiek op de beschaving zelf veel verder terug dan 1949; in 1864 heeft George Perkins Marsh's *Man and Nature* [Mens en Natuur] de aantasting van natuurlijke habitats door de menselijke populaties rond de Middellandse Zee al benadrukt, en zelfs Tertullianus (155–210 n. C.) heeft er al over geklaagd. Het nieuwe was dat het christendom de schuld moest krijgen.

En we kunnen de agenda achter dit zwartepietenspel zien. Het humanisme had de triomf van de mens over de natuur, vooral sinds de Industriele Revolutie, voorheen gevierd. De controle over de natuur, het uitoefenen van uitbundige macht over eerder kwaadaardige natuurkrachten

---

[1] Of nog erger: "Dit voorbeeld laat dan mooi zien, hoe vervreemd Paulus, een hellenistische Jood die in de grote steden van het Imperium Romanum was gesocialiseerd, was geraakt door deze oud-Israëlitische ethiek, die zorg voor de natuur insloot. Hij is ervan overtuigd dat deze regel voor *mensen* moest zijn bedoeld en om allegorische uitleg vraagt, want, zo stelt hij in een retorische vraag: 'bekommert God zich dan om runderen?' (1 Kor 9:10) Waar zich in de Hebreeuwse Bijbel heel wat aanknopingspunten voor het Earthcare-principe van de permacultuur laat vinden, zijn deze in het Nieuwe Testament al schaars en in de marge terecht gekomen.... Earthcare is dus wel Bijbels, maar niet bepaald van het Nieuwe Testament en dat is een belangrijk inzicht voor de Bijbelse theologie die op beide testamenten gestoeld moet zijn." Annette Merz en Trees van Montfort, "Permacultuur en Groene Theologie."

[2] "The Historic Roots of Our Ecologic Crisis" [De historische wortels van onze ecologische crisis].

werd gevierd in lofzangen op de autonome mens. Prometheus was de behoefte aan het bovennatuurlijke om te overleven ontgroeid, en had de steunpilaar die religie biedt in het aanzicht van deze ondoorgrondelijke krachten omvergeschopt. Maar hierdoor zijn krachten van een andere aard ontketend, die stuurloos leken. "Moderne wetenschap en de grote technologische ondernemingen die daaruit voortvloeien vertegenwoordigen de volledige ontplooiing van de kennis van de mens over de natuur. Wetenschappelijke kennis is onze beste gids om de natuurkrachten te controleren. Hierin is ze uitmuntend succesvol geweest; het is dit succes dat ons de wonderen van moderne elektriciteit en de enorme kracht van nucleaire bommen gegeven heeft.... Hebben we oprecht controle over de onmetelijke nieuwe krachten die de wetenschap ons heeft gegeven, of bestaat er het risico dat de wetenschap uit de hand loopt?"[3] De mens is in Commoners woorden een "tovenaarsleerling" geworden. Een zondeboek moest worden gevonden, nu bleek dat de mens zich als een zwakke meester van het universum had bewezen; en die zondebok was het christendom – niet voor de eerste keer. Het was het christendom dat schuldig was aan vooruitgang, aan industrialisatie en voor het verlies van contact met de natuurlijke omgeving.

Zo schuldig gemaakt om zich verantwoordelijk te voelen voor de situatie, zijn kerkleiders aan het werk gegaan met het ontwikkelen van een reactie op de stekende beschuldiging; één die raakvlakken zoekt met de seculiere milieubeweging. Daartoe stoften ze een accessoire van kerkelijke bedrijvigheid af, de leer van rentmeesterschap,[4] en hebben het gevormd

---

[3] Commoner, *Science and Survival* [Wetenschap en Overleving], bl. 7–8.

[4] "We zijn onverwacht getuige van de wedergeboorte van een Bijbels en 'kerkelijk' woord in de seculiere samenleving, waarvan velen twintig jaar geleden dachten dat het zijn langste tijd had gehad. Dat woord is 'rentmeesterschap.' Een generatie of twee geleden was het gebruik ervan wijdverbreid in christelijke kringen, vooral onder protestanten. Hoewel de term relatief weinig in het Nieuwe Testament voorkomt, genoot het in de jaren '40, '50 en '60 grote populariteit onder christenen in discussies over Gods goedheid, vooral met betrekking tot geld en andere materiële middelen. Daarna raakte het uit de mode, en slechts

tot een ideologie waarbij de Bijbelse bevelen voor een goed leven als uitwerking van de in Christus verleende verlossing konden worden toegepast op de milieucrisis. Hierbij wordt de mensheid als zowel probleem alsook oplossing aangewezen, gebruikmakend van het kerkelijke kader van zonde en genade, verloren en gered. De verloren mensheid is dan de mensheid die de natuur uitbuit en overheerst, en de geredde mensheid is de mensheid die de natuurlijke schepping koestert, en haar welzijn zoekt. Het is allemaal een kwestie van het herwinnen van een verloren Eden door de inspanning van mannen en vrouwen van goede wil waar ook ter wereld.

Ter ondersteuning van dit kader wordt een breed scala aan Bijbelverzen ingezet. De vraag is of dit verantwoord gebeurt. Pleit de Schrift echt voor een dergelijke expansieve leerstuk? Hoe functioneert de natuur eigenlijk binnen het kader van de Schrift? Gezien het feit dat een bepaalde ideologie van rentmeesterschap is verheven tot de status van christelijke plicht, ja zelfs tot de status van naastenliefde[5] (waarboven geen groter gebod bestaat – Markus 12: 31), en aan de gelovigen wordt opgedrongen, of ze dat nu willen of niet, is een antwoord op die vraag van het grootste belang. Dat is wat dit boek beoogt te geven.

------

enkelen vochten hier en daar in verschillende kerken en denominaties nog een achterhoedegevecht om het in gebruik te houden." Reumann, *Stewardship and the Economy of God* [Rentmeesterschap en de economie van God], bl. 1.

[5] "Wie is dan mijn *naaste*...? ... Hij is mens en hij is engel en hij is dier en hij is immaterieel wezen, alles wat in het zijn deelneemt." Niebuhr, *The Purpose of the Church* [Het doel van de kerk], bl. 38.

DE OPKOMST VAN DE MILIEUBEWEGING

De milieubeweging heeft niet altijd de grote invloed gehad die ze nu bezit. Het begon echt goed te lopen in de jaren '60 met de publicatie van het boek *Dode Lente* van Rachel Carson. De bedeesd bioloog Carson, die niet lang na de publicatie van *Dode Lente* overleed, was een onwaarschijnlijke heldin van een populaire beweging. Maar *Dode Lente* werd een talisman die het verbannen van de pesticide DDT inspireerde en een beweging op gang heeft gebracht die, gecombineerd met opkomend anti-industrialisme en pacifisme, tot een omkeer in de publieke opinie heeft geleid. Bevolkingscontrole was een constante medereiziger in de terugkerende doemscenario's die vanaf dat moment het medialandschap bezaaiden. De nu bekende refreinen van dreigende catastrofe dankzij menselijke inmenging in de goedaardige economie van de natuur begonnen hun opmars naar bekendheid en hegemonie.

De bestseller *Bloemen in Beton* van Charles Reich uit 1970 heeft de beweging een stem gegeven.

> Er is een revolutie op komst. In niets gelijkend op de revoluties uit het verleden. Deze revolutie die wortelt in het individu en de cultuur, zal zijn bekroning vinden in het omverwerpen van de politieke structuur. Om te slagen zal deze revolutie niet van geweld gebruik hoeven te maken, noch zal hij door geweld kunnen worden onderdrukt. Hij verspreidt zich nu reeds met een verbazingwekkende snelheid over het land, met als gevolg dat onze wetten, onze instellingen en onze sociale structuur zich reeds beginnen te wijzigen. Hij belooft een hogere rede, een menselijker samenleving en een nieuw bevrijd individu. Zijn uiteindelijke schepping zal een duurzame en nieuwe eenheid en schoonheid zijn — een hernieuwde relatie van de mens tot zichzelf, tot de medemens, tot de maatschappij, tot de natuur en tot de natie. (bl. 9–10)

De jongere generatie – tegenwoordig bekend onder de naam Boomers[6] – liep voorop:

> Dit is de revolutie van de nieuwe generatie. Hun protest en rebellie, hun
> cultuur, kleding, muziek, drugs, wijze van denken en bevrijde levensstijl
> zijn geen voorbijgaande gril of een vorm van afkeuring en weigering,
> noch zijn ze irrationeel in welke zin dan ook. Dat hele naar voren ko-
> mende patroon, van idealen tot campus demonstraties, kralenkettingen,
> broeken met wijde pijpen en Woodstock Festival toe, is zinvol en maakt
> deel uit van een samenhangende filosofie. Het is zowel noodzakelijk als
> onvermijdelijk, en op een gegeven moment zal het zich niet alleen meer
> beperken tot de jeugd, maar zullen alle mensen in Amerika erbij betrok-
> ken zijn (bl. 10).

Dus voor Reich betekende dit de overwinning van de mensheid, en
die van de natuur, over technologie. "Achter het industriële tijdperk ligt
het nieuwe tijdperk van de mens. De essentie van dat tijdperk zal het
einde van de onderwerping van de mens moeten zijn, het eind van zijn
ondergeschiktheid aan de machine en het begin van de onderwerping van
de machine – het gebruikmaken van de technologie om een nog hogere
levensstandaard te creëren, maar dan gebaseerd op waarden die boven die
van de machine liggen" (bl. 279–280).

Als resultaat, in plaats van de productiecapaciteit van de moderne samenleving te verwerpen, vierde Reich dit als het platform waarop de
nieuwe revolutionaire leefwijze gebouwd kon worden. "Als de machine
voldoende voedsel en onderdak voor iedereen kan verzorgen, waarom
zou de mens dan geen einde maken aan het antagonisme, voortkomende
uit de schaarste, en zijn maatschappij baseren op de liefde voor de mede-

---

[6] Laat niemand zeggen dat de Boomers mensen zijn, die tussen 1945 en 1965
geboren zijn zoals vandaag de dag gebruikelijk is. Origineel waren Boomers diegenen, die in de *onmiddellijke nasleep* van de Tweede Wereldoorlog tijdens de
zogenaamde "baby boom" geboren zijn. Ze werden door een zeker gevoel van
privilege gekenmerkt, dat voortkwam uit de vertroeteling die zij van hun ouders
hadden gekregen, de zogenaamde "grootste generatie." Diegenen onder ons die
in hun schaduw zijn geboren, dus eind jaren vijftig/begin jaren zestig, zagen hen
met argusogen aan, als de mensen die een schaduw over onze kinderjaren wier-
pen in hun ijver om vaste zekerheden en gevestigde autoriteiten te verstoren.

mens? Als de machine in onze materiele wensen kan voorzien, waarom zou de mens dan niet de spirituele en geestelijke kanten van zijn natuur ontwikkelen? Profeten en filosofen hebben deze manier van leven al eerder voorgesteld, maar pas de hedendaagse technologie heeft het mogelijk gemaakt" (bl. 277–278).

Maar dit was lang niet genoeg voor Barry Commoner. Zijn boek *Overleven wij dit?* gepubliceerd in 1971, heeft de inzet verhoogd.

De "Week der Aarde" [Earth Week] in 1970 heeft vele ogen geopend.

Sinds kort hebben wij de omgeving waarin wij leven opnieuw ontdekt. Deze gebeurtenis is in de Verenigde Staten in april 1970 gevierd tijdens Earth Week (Week der Aarde). Het was een plotselinge, opzienbarende bewustwording. Schoolkinderen begonnen de rommel op te ruimen; studenten organiseerden omvangrijke demonstraties; vastberaden burgers lieten ten minste een dag hun auto's staan. Iedereen scheen het gevaar voor onze omgeving te beseffen en wilde maar al te graag een steentje bijdragen om erger te voorkomen (bl. 7).

Plotseling was iedereen een milieuactivist maar had ook iedereen er een eigen mening over, en niet iedere mening was behulpzaam. "Het leek me dat de verwarring rond Earth Week een indicatie was van een zó ingewikkelde en dubbelzinnige situatie, dat de mensen eruit konden opmaken wat het meest overeenkwam met hun eigen mening over verschillende zaken zoals de menselijke aard, economie en politiek. Net als bij een Rorschachtest kwamen ook bij Earth Week eerder persoonlijke overtuigingen naar voren dan objectieve kennis" (bl. 11).

Dus Commoner heeft het op zichzelf genomen om het probleem te verduidelijken: in tegenstelling tot Reich was het precies technologie, de machine én het productieproces eromheen, die het probleem was.

De milieucrisis is het onheilspellende bewijs van een verraderlijke adder onder het weelderige gras van de opgeschroefde produktiviteit en welvaart van onze consumptiemaatschappij. Onze rijkdommen hebben wij aan de natuur ontstolen door te snelle exploitatie van de hulpbronnen. Wij hebben met dubbel krijt geschreven en zitten nu met de gevolgen in de vorm van verregaande milieuverontreiniging in moderne landen en ontoelaatbare overbevolking in ontwikkelingslanden. Door de roekeloze leningen die wij bij de natuur hebben gesloten, is onze schuld zo hoog opgelopen dat alle welvaart die wij hebben bijeengegaard, voor de volgende generatie verloren kan zijn indien wij deze rekening niet vereffenen (bl. 208).

Het is productie – productie door machines, industriële productie – die het probleem is. Wat eerst aangeprezen werd voor het verheffen van de mens boven de wisselvalligheden van de natuur werd nu gehekeld omdat hij precies dat gedaan had. Machines gaven de mensheid de mogelijkheid van de natuur om te voorzien te overtreffen, wat tot de bevolkingsexplosie leidde. De mensheid moest leren leven binnen de grenzen van de natuur.

En deze ecologische crisis is slechts één facet van de alomvattende verzameling van problemen die de beschaving confronteren. Want de milieucrisis is verweven met andere vergelijkbare problemen, en moet daarom samen met die andere problemen opgelost worden – en via de bekende weg. "Om de milieucrisis op te lossen zullen we ons ten slotte de weelde moeten ontzeggen armoede, rassendiscriminatie en oorlog te tolereren. In de onbewuste opmars naar ecologische zelfmoord hebben we onszelf de pas afgesneden en ons resten nog slechts twee wegen: rationeel gebruik en verdeling van de wereldvoorraden volgens humane normen of het afschrijven van onze beschaving" (bl. 209).

Alle wegen leiden naar Rome, of in ieder geval het soort gecentraliseerde distributieve macht waarnaar gouvernementalisten sinds mensenheugenis hebben verlangd. Laten we kijken hoe de kerk op deze uitdaging reageerde.

DE OPKOMST VAN DE CHRISTELIJKE MILIEUBEWEGING

In de afgelopen tijd is de kloof tussen traditionele morele principes en de realiteit van het moderne leven zo groot geworden dat er, te beginnen in de Katholieke kerk en minder spectaculair in andere religieuze denominaties, dringende eisen voor vernieuwing zijn ontstaan, voor de ontwikkeling van verklaringen over morele doelen die direct relevant zijn voor de moderne wereld. Maar in de moderne wereld kan de essentie van morele kwesties niet worden gezien in termen van stenigingen of het stelen van de os van een naaste.[7]

Onder de invloed van dit soort aansporingen draaide de kerk bij. Samen met de andere headliners die belangrijk voor Boomers waren, werd milieuactivisme omarmd als een uitdaging voor niet alleen de wereld, maar ook voor gelovigen. Solidariteit werd het wachtwoord omdat deze aarde het bezit was van alle mannen en vrouwen van goede wil; en christenen konden zich beroepen op het leerstuk van de schepping om zowel de roeping om "het milieu" te beschermen, en om "de planeet" te redden, te versterken. De Bijbel, betoogden christenen, vestigde de roeping van de mens als rentmeester van het milieu, Gods vertegenwoordiger op aarde om voor Zijn goede schepping te zorgen.

In feite (en misschien tot verbazing van Commoner), leek de Bijbel een arsenaal aan bewijsteksten te leveren om de geldigheid van het milieuprogramma aan te tonen. De Bijbel sprak over God die deze planeet schiep, en *goed* schiep. En dat Hij toen een tuin plantte in Eden, een plek voor Zijn eigen aanwezigheid in het midden van deze goede aarde. God schiep man en vrouw en noemde de man "Adam," Hebreeuws voor "van de aarde," waardoor wij kunnen begrijpen dat de mens nauw met de natuurlijke schepping verweven is. En God plaatste Adam in de Hof van Eden en beval hem, volgens de gangbare vertalingen, "om die te cultiveren en te behouden" zoals Genesis 2: 15 beschrijft.[8] De implicaties, zo lijkt

---

[7] Commoner, *Science and Survival,* bl. 130.

[8] Dit citaat is licht aangepast om aan te sluiten bij de Engelse tekst.

het, zijn duidelijk:

Cultiveren impliceert zeker enige verandering, groei en ontwikkeling. Maar het is groei en verandering van een positieve, constructieve natuur, zoals we bijvoorbeeld spreken over "het cultiveren" van een vriendschap. Het betekent: iets assisteren om het zijn eigen natuurlijke en hoogste tendensen te laten behalen. De Hebreeuwse interpretatie van dit concept was sterker. Het woord dat met "cultiveren" [ʿāḇaḏ] vertaald wordt komt van het Hebreeuwse woord dat met "dienen," of, letterlijk, "slaaf zijn van" vertaald wordt. In een agrarische samenleving was het logisch om op deze manier over cultiveren te denken. Hoe kon iemand anders de grond "dienen"?

En we weten allemaal wat "behouden" betekent. Het betekent preserveren, beschermen en onderhouden. Het feit dat beide woorden hier gebruikt worden om Adams zorg voor hetzelfde object, Eden, te beschrijven, kan alleen betekenen dat noch God, noch Adam hen als tegenstrijdige doelen zag. Eden onderwerpen betekende blijkbaar de goedheid en schoonheid behouden die God het gegeven had, terwijl het actieve dienen van Eden door het te beheren (cultiveren) om de kwaliteiten die erin verborgen zijn beter tot hun recht te laten komen. Het Hebreeuwse woord *šāmar*, dat in het Nederlands met "behouden" vertaald wordt, is hetzelfde woord dat wordt gebruikt in de bekende zegen van Numeri 6: 22–26. Mozes wordt geïnstrueerd om Aaron en zijn zonen te vertellen dat zij de Israëlieten met deze woorden moeten zegenen: "De HEERE zegene u en behoede [*šāmar*] u! De HEERE doe Zijn aangezicht over u lichten en zij u genadig! De HEERE verheffe Zijn aangezicht over u en geve u vrede!" Het is hier duidelijk dat de mensheid opgedragen wordt om de tuin te "behouden," net zoals de Heer ons "behoedt."[9]

Dit was dus de missie van de mens: om deze waardevolle Hof van Eden te verfraaien en te behouden, deze goede aarde, "deze enorme, dynamische, prachtige, maar lijdende planeet," want "hemel en aarde zijn van de Heer, het product van de voortdurende liefde van de Schepper — een liefde die ons roept, door de schepping en door Christus, terug naar onze originele opdracht in de schepping: het zijn van tuiniers van de

---

[9] Van Dyke et al., *Redeeming Creation* [Het verlossen van de schepping], bl. 96.

aarde, rentmeesters van wat God ons heeft toevertrouwd."[10]

Maar dit oorspronkelijke vertrouwen werd niet gehouden. Adams val van onschuld in zondigheid had tot gevolg dat God vanwege hem de aarde vervloekte, een vloek die zich sindsdien heeft gemanifesteerd in zijn misbruik van de natuurlijke schepping die hem in vertrouwen was gegeven. Op deze manier is de schepping "aan de zinloosheid onderworpen"; de natuur bevindt zich in "de slavernij van het verderf"; "gezamenlijk zucht [ze] en gezamenlijk verkeert [ze] in barensnood tot nu toe," wachtend totdat ze "de vrijheid van de heerlijkheid van de kinderen van God" binnen kan gaan (Romeinen 8: 20–22).[11]

Verschillende passages, verzekert men, geven een stem aan deze trieste gang van zaken. Jesaja benadrukt de mishandeling van de natuur door de mens in passages zoals deze: "De aarde treurt, verwelkt; de wereld kwijnt weg, verwelkt; de hoogsten van het volk des lands kwijnen weg. Want de aarde is ontwijd door haar bewoners, omdat zij de wetten hebben overtreden, de inzetting ontdoken, het eeuwig verbond verbroken. Daarom verslindt een vloek de aarde en moeten haar bewoners boeten; daarom worden de bewoners der aarde door een gloed verteerd en blijven er weinig stervelingen over" (24: 4–6, NBG51).

De overtreden wetten en de geschonden statuten zijn die, die door Mozes aan Israël gegeven zijn. Onder de verschillende bepalingen in deze Thora die de behandeling van de natuurlijke schepping reguleren zijn de sabbatswetten. Het land moet zijn sabbatsrust krijgen:

> Zes jaar mag u uw akker bezaaien, zes jaar mag u uw wijngaard snoeien en de opbrengst ervan inzamelen. Maar in het zevende jaar moet het voor het land sabbat zijn, een periode van volledige rust, een sabbat voor de Heere. Uw akker mag u niet bezaaien en uw wijngaard mag u niet snoeien. Wat er na uw laatste oogst nog opkomt, mag u niet oogsten, en de druiven van uw ongesnoeide wijnstok mag u niet plukken. Het is een

---

[10] Wilkinson, *Earthkeeping in the Nineties* [Het behouden van de aarde in de jaren negentig], bl. x.

[11] Citaten uit de Bijbel zijn de Herziene Statenvertaling (HSV) ontnomen, tenzij anders aangegeven.

jaar van volkomen rust voor het land. De opbrengst van de sabbat van het land zal voor u als voedsel dienen: voor u en uw slaaf en uw slavin, uw dagloner en uw bijwoner, die bij u als vreemdeling verblijven. Ook voor uw vee en voor de wilde dieren die in uw land leven, mag heel de opbrengst ervan als voedsel dienen (Leviticus 25: 3–7).

Hier worden uitdrukkelijke voorzieningen getroffen, niet alleen voor het land, maar ook voor bedienden, huurlingen, buitenlanders, vee, en wilde dieren – "heel de opbrengst ervan" mag hen "als voedsel dienen."

Maar het land heeft zijn sabbatsrust niet gekregen. Dit was de reden waarom Israël werd gestraft en weggevoerd in ballingschap in Babylon. Zeventig jaar van ballingschap gaf het land tijd om bij te komen van honderden jaren uitbuiting, "om het woord van de Heere, bij monde van Jeremia gesproken, te vervullen, totdat het land behagen zou scheppen in zijn sabbatsjaren. Het rustte al de dagen van de verwoesting, totdat zeventig jaar vervuld waren" (2 Kronieken 36: 21). Om het met Van Dyke et al. te zeggen: "De tragedie van de ballingschap overkwam Israël om vele redenen, maar het is opvallend dat de enige reden die in deze passage wordt gegeven, het misbruik van het land door Israël was."[12]

En net zoals Israël gestraft werd tijdens de Babylonische gevangenschap, zo zal de beschaving tijdens de eindtijd gestraft worden voor haar misdaden tegen de natuurlijke wereld. In het boek Openbaring spreekt de apostel Johannes over die tijd als een tijd van oordeel, om "hen te vernietigen die de aarde vernietigen" (11: 18). Voor de vernieling van het milieu? Inderdaad: "De straf is extreem omdat God een dergelijke vernieling als een extreme zonde beschouwt."[13]

De boodschap is duidelijk: God is diep begaan met de natuur en zal het misbruik ervan door de mens bestraffen.

---

[12] Van Dyke et al., *Redeeming Creation*, bl. 79.

[13] Van Dyke et al., *Redeeming Creation*, bl. 125.

WAT DE BIJBEL WERKELIJK OVER DE NATUURLIJKE SCHEPPING ZEGT

De vraag is echter of deze interpretatielijn accuraat weergeeft wat de Schrift over het onderwerp zegt.

Beginnend met het begin: de goede schepping. Wat betekent het dat God Zijn schepping "goed" noemt, "zeer goed" zelfs? De gangbare uitleg hiervan is "perfect" – maar wordt dat hier gezegd?

De oudtestamenticus John Walton argumenteert dat dit niet het geval is.

> Interpreten hebben vaak geconcludeerd om die wereld "goed" te laten zijn, dat er geen pijn, geen lijden, geen dood en geen predatie geweest kon zijn. Alles was ongerept en perfect... Op deze manier kan men afleiden wat "goed" betekent door deze situatie met de toestand van zonde na de val te contrasteren. De conclusie is dat alles dat in onze beleving negatief is niet in die oerwereld bestond. Hoe populair deze visie ook is, in werkelijkheid draagt het woord nooit dit gevoel van onvervalste, ongerepte perfectie.[14]

In feite heeft het Hebreeuwse woord voor "goed" een groot aantal andere betekenissen dan "perfect," en deze kunnen alleen onderscheiden worden door te verwijzen naar de context in welke het woord voorkomt. In dit geval is de context functie, net zoals functie de context is voor Gen. 2:18, "Het is niet goed dat de mens alleen is." In dit geval betekent "goed" de instelling van "een functioneel, ordelijk systeem."[15] Dit komt overeen met het oordeel van Claus Westermann: "In ieder geval moet 'goed' niet begrepen worden als iets, dat een vaste kwaliteit aangeeft; de betekenis is eerder functioneel: 'goed voor...' De wereld die God heeft geschapen en als goed heeft bedacht is de wereld waarin geschiedenis kan beginnen en

---

[14] *The Lost World of Adam and Eve* [De verloren wereld van Adam en Eva], bl. 53.

[15] *The Lost World of Adam and Eve*, bl. 56.

haar doel kan bereiken om zo aan haar bestemming te voldoen."[16] Dumbrell komt tot een vergelijkbare conclusie: "Wat dit moet betekenen is dat de schepping overeenkomt met de bestemming voor welke ze geschapen is, in andere woorden, het kwam met Gods doelen overeen."[17]

Toegegeven, dit is niet de gebruikelijke interpretatie van de tekst, die Gods verklaring van de goedheid van Zijn schepping inderdaad ziet als een aanwijzing voor gaaf- en perfect-zijn. Echter, het wijst simpelweg op goedheid met betrekking tot het doel waarvoor het is geschapen, wat heel goed *niet* gaaf en *niet* perfect kan inhouden.

Precies zo, want in feite zijn er goede Bijbelse redenen om de schepping juist als niet gaaf en niet perfect te zien.

Om te beginnen, waarom was er een Hof van Eden ? Deze tuin is niet slechts een deel van de rest van de schepping. Het is niet gewoon een ander stuk land. Het is apart gezet en beschermd tegen de rest van de schepping. "Het Hebreeuwse woord *gan* 'tuin' refereert aan een omheind verblijf (Hb. *ganan* 'bedekken', 'beschermen', 'insluiten') beschermd door middel van een muur of haag. Muren rondom koninklijke tuinen worden specifiek genoemd in het Oude Testament (2 Kon. 25: 4; Neh. 3: 15; Jer. 39: 4; 52: 7). De Hof van Eden is dus een speciale plaats die ruimtelijk van een buitenwereld gescheiden is, die vermoedelijk veel lijkt op onze huidige wereld."[18]

Waarom deze separatie? Waarom zou je een geïsoleerde Hof van Eden in het midden van de aarde plaatsten, als ze gaaf en perfect is? Zou het kunnen dat de aarde *niet* gaaf en perfect geschapen is? De apostel Paulus heeft iets te zeggen dat, hoewel tot nu toe over het hoofd gezien, het nodige licht op de zaak werpt.

Paulus treedt in 1 Korinthe 15 in detail over het verschil tussen de originele, zogenaamd "gave" Adam – Adam voor de Zondeval – en de opgestane Christus. Hij doet dit om zo een contrast te schetsen tussen wat hij het "natuurlijke" lichaam en het "geestelijke" lichaam noemt, waarbij het "natuurlijke" lichaam de niet-gevallen Adam, en het "geestelijke" lichaam de herrezen Christus is. Paulus vergelijkt dit natuurlijke lichaam met een zaadje dat gezaaid is; en hij betoogt dat het wordt "gezaaid in verganke-

---

[16] *Genesis 1–11*, bl. 166.

[17] *The End of the Beginning* [Het einde van het begin], bl. 177.

[18] Dumbrell, *Covenant and Creation* [Verbond en schepping], bl. 57.

lijkheid, ... gezaaid in oneer, ... gezaaid in zwakheid..." (vv. 42, 43). Vergankelijkheid, oneer, zwakheid – dit klinkt niet alsof het voldoet aan de gave en perfecte staat zoals de traditionele interpretatie beweert.

Maar Paulus gaat verder.

> Alzo is er ook geschreven: De eerste mens Adam is geworden tot een levende ziel; de laatste Adam tot een levendmakende Geest. Doch het geestelijke is niet eerst, maar het natuurlijke, daarna het geestelijke. De eerste mens is uit de aarde, aards; de tweede Mens is de Heere uit de hemel. Gelijk de aardse is, zo zijn ook de aardsen; en gelijk de hemelse is, zo zijn ook de hemelsen (vv. 45–48, SV).

Paulus citeert hier Genesis 2: 7, waar geschreven staat dat God Adam van de grond gemaakt heeft, en hem de levensadem heeft ingeademd, waardoor Adam een levende ziel werd. Zodanig is hij van de aarde, aards. Eerder hebben we opgemerkt dat deze karaktertrek van de originele Adam wordt aangehaald om zijn solidariteit met de geschapen, natuurlijke wereld aan te tonen. Inderdaad. "Gelijk de aardse is, zo zijn ook de aardsen." Maar is dit iets "goeds"? Wat zegt Paulus er dan over? "Doch dit zeg ik, broeders, dat vlees en bloed het Koninkrijk Gods niet beërven kunnen, en de verderfelijkheid beërft de onverderfelijkheid niet" (v. 50, SV). Precies het tegenovergestelde wat de voorstanders van solidariteit met de natuurlijke wereld ons graag willen doen geloven. In feite staat aards-zijn – als tegenpool van hemels zijn (vv. 47–49) – *in de weg* van ons beërven van het koninkrijk van God. We kunnen, zoals we zijn, niet dat koninkrijk binnentreden; maar net zo goed kon Adam dat niet, *zelfs voordat hij viel*. God heeft Adam, en de natuurlijke wereld met hem, aards gemaakt, met vergankelijkheid, oneer, en zwakheid als gevolg.

Aards-zijn wordt ook in andere verzen met geestelijkheid gecontrasteerd. Er is Johannes 3: 31: "Wie van boven komt, is boven allen; wie uit de aarde is, is uit de aarde en spreekt uit de aarde. Wie uit de hemel komt, is boven allen." Dus aards-zijn is niets om trots op te zijn, maar eerder een erkenning van spirituele blindheid. En Filippenzen 3: 19: "Hun einde is het verderf, hun god is de buik en hun eer is in hun schande; zij bedenken aardse dingen." Inderdaad, solidariteit met de aarde. En Jakobus 3: 15: "Dat is niet de wijsheid die van boven komt, maar ze is aards, natuurlijk, duivels." Verre van puur en ongerept wordt het aardse en natuurlijke (hetzelfde woord dat door Paulus wordt gebruikt wanneer hij Gen. 2: 7 citeert, waar geschreven staat dat God Adam als een levende *ziel* schiep) gelijkgesteld aan... het duivelse? Ja, inderdaad.

Wat is het dat aards-zijn zo tegenovergesteld van spiritualiteit maakt? 1 Kor. 15: 50 verlicht ons verder. Het vertelt ons dat het vergankelijke het onvergankelijke niet kan beërven. Het Griekse woord voor "vergankelijk" of "dat, wat vergankelijk is," is *phthora*, wat corruptie betekent. Wat aards is, is dus verderfelijk, corrupt. Het aardse moet getransformeerd worden. Dat is wat Christus in Zijn dood en opstanding heeft verwezenlijkt. Want in de opstanding van Zijn lichaam heeft Hij de opstanding van Adam's lichaam ook bewerkstelligt.

Dit strekt zich uit tot de gehele schepping. "Want het heeft de Vader behaagd dat in Hem heel de volheid wonen zou, en dat Hij door Hem alle dingen met Zichzelf verzoenen zou, door vrede te maken door het bloed van Zijn kruis, ja door Hem, zowel de dingen die op de aarde zijn als de dingen die in de hemelen zijn" (Kolossenzen 1: 19–20). En wanneer we dit realiseren, hebben we ook de sleutel tot het correct begrijpen van de veronderstelde bewijstekst van het misbruik van de natuurlijke wereld door de mens, Romeinen 8: 19–23. Daar staat dat de schepping "aan de vruchteloosheid onderworpen [is], niet vrijwillig, maar om (de wil van) Hem, die haar daaraan onderworpen heeft" (v. 20, NBG51). Als zodanig is deze onderwerping door een handeling van God en niet van de mens gekomen. En waarin bestaat deze onderwerping aan zinloosheid? Paulus gaat er verder op in: het is "slavernij van het verderf" (v. 21) – *phthora*, hetzelfde woord dat Paulus in 1 Korinthe 15 gebruikt om Adams toestand *als geschapen* te beschrijven.

Dit is van cruciaal belang. Want deze corruptie, door Paulus' eigen bekentenis in 1 Kor. 15, is onderdeel van de originele schepping. Daarom kan deze passage in Romeinen 8 *niet aan de val refereren*, zoals b.v. bij de Kanttekeningen van de Statenvertaling, noch als Gods antwoord op de zonde van de mens, noch als de conditie van de schepping na de val. Net zoals de passage in 1 Korinthe 15 refereert deze passage in Romeinen 8 aan de conditie van de schepping *voor de val*.

Dus wat is het waarover de schepping "gezamenlijk zucht en gezamenlijk in barensnood verkeert"? Is het het misbruik van de natuurlijke wereld door de gevallen mens, zoals onze christelijke milieuactivisten beweren? Absoluut niet! Het is de conditie van de natuurlijke wereld *op grond van de schepping*. Ze wacht om van haar *aards-zijn* vrijgemaakt te worden!

Wat wordt ons hier gezegd? Dat God de natuurlijke wereld gemaakt heeft in slavernij aan de corruptie, in de onderwerping aan zinloosheid? Inderdaad. Maar de natuurlijke wereld was goed gemaakt, zelfs zeer goed! Ja – maar zoals we hebben gezien, betekent dit niet gaaf, het betekent iets anders. Het betekent dat het precies past voor het doel waarvoor het gemaakt is. Dat doel hoef ik hier niet in detail te verklaren, aangezien ik dat elders uiteen heb gezet.[19] Wat het betekent is dat de *originele* natuurlijke wereld zich in slavernij aan de corruptie en in de onderwerping aan zinloosheid bevindt.[20]

Dit betekent dat de natuurlijke wereld noch gaaf, noch perfect was. Ze was geschapen in een conditie van corruptie, dood, en verval. Vanaf het begin kon het het koninkrijk van God niet beërven. Het had een transformatie nodig. Een natuurlijk lichaam wordt gezaaid, een geestelijk lichaam wordt opgewekt. En het is precies dit waarop de schepping wacht: "met reikhalzend verlangen immers verwacht de schepping het openbaar worden van de kinderen van God" (v. 19). Want de wederopstanding van de mens zal de vernieuwing van de gehele schepping brengen. Het is voor dit dat de gehele schepping "gezamenlijk zucht en gezamenlijk in barensnood verkeert"; het verwacht, zoals wij doen, "de aanneming tot kinderen, namelijk de verlossing van ons lichaam" (v. 23).

Dat christenen die de traditionele interpretatie volgen het lastig gaan vinden om dit te accepteren, spreekt voor zich. Het gaat tegen de stroom in. Daarom is het begrijpelijk dat de theologen die aan de discussie omtrent rentmeesterschap van het milieu bijdragen de notie van een gave wereld voor Adams val makkelijk omarmen. De traditionele interpretatie sluit naadloos bij het idee dat de onaangetaste natuur in harmonie met zichzelf is aan, in balans met zichzelf, inderdaad de Hof van Eden op grote schaal, waarbij de (gevallen) mens wordt gezien als de indringer, de schender, de plunderaar. Maar de echte natuurlijke wereld is iets totaal

---

[19] Hoofdstuk 8, "The Purpose of God in Creation" in *A Theology of Nature* ["Het doel van God in de schepping," in Een theologie van de natuur].

[20] Zie *A Theology of Nature* voor een gedetailleerde uiteenzetting hiervan.

anders dan de geromantiseerde flauwe onzin die ons op deze manier wordt voorgeschoteld, en natuurwetenschappers zijn zich daarvan bewust. Zij weten dat de natuur waarlijk rood in tanden en klauwen is; ze is waarlijk in een constante staat van verandering, nooit in balans[21]; ze heeft geen standaard van goed en kwaad, tenzij we het dictum van Aldo Leopold accepteren: "Een ding is juist wanneer het de neiging heeft om de integriteit, stabiliteit en schoonheid van de biotische omgeving te behouden. Het is fout wanneer het de neiging heeft om iets anders te doen."[22] Dit is een nette manier om te zeggen dat dood, verderf, parasitisme, saprofytisme en alle andere onprettige aspecten van de natuur eigenlijk uitdrukkingen van gerechtigheid zijn (wie had dit gedacht?). Van theologen kunnen we het begrijpen; christelijke natuurwetenschappers zouden beter moeten weten dan te zwammen over de ongerepte heiligheid en het delicate evenwicht van de natuurlijke wereld.[23]

---

[21] Zoals de vooraanstaande natuurwetenschapper Daniel Botkin zeer gedetailleerd heeft aangetoond. Zie *Discordant Harmonies* [Wanklinkende harmonieën] en *25 Myths That Are Destroying the Environment* [25 mythen die het milieu vernietigen]. Young probeert om het van beide kanten te hebben en geeft argumenten zowel voor als tegen het idee van een natuurlijk evenwicht: "Het wordt steeds duidelijker dat de complete aarde, inclusief de mensheid, deel uitmaakt van één groot ecosysteem, dat het leven zoals wij dat kennen alleen kan blijven ondersteunen wanneer het 'evenwicht van de natuur' wordt gehandhaafd of binnen een bepaald tolerantiebereik wordt gehouden... Men moet dit 'evenwicht van de natuur' niet als een statische, ideale toestand zien. Ecosystemen zijn verbazingwekkend dynamisch en veerkrachtig. Het idee van een perfecte staat van evenwicht of een balans in de natuur is een mythe." *Healing the Earth* [Het genezen van de aarde], bl. 53.

[22] *A Sand County Almanac*, [Een Almanak van Sand County], bl. 224–225.

[23] Zoals ze overvloedig in bijvoorbeeld de *Earthkeeping*-boeken en in *Redeeming Creation* doen.

TUIN EN TEMPEL

Met dit provisorische begrip van de Schrift kunnen we nu de passages behandelen die het idee van christelijk milieubescherming en planetair rentmeesterschap zouden bevorderen.[24]

Genesis 1–2

Laten we beginnen met wat gezien wordt als misschien wel het belangrijkste vers om de relatie van de mens met de natuur te begrijpen: "De HEERE God nam de mens, en zette hem in de hof van Eden om die te cultiveren en te behouden" (Genesis 2:15). Zoals we hebben gezien, zou dit vers ons tot rentmeesterschap van de natuurlijke wereld op moeten roepen. Het wordt begrepen als de door God aan de mens gegeven roeping: om zich op zodanige wijze met land- en tuinbouw bezig te houden, dat de natuurlijke omgeving in schoonheid, gezondheid en pracht wordt onderhouden – dus niet uitgebuit, maar gekoesterd. De roeping van de mens wordt dus begrepen als natuurgericht rentmeesterschap, alsof de natuur het einde ($\tau\acute{\epsilon}\lambda o\varsigma$, doel) van de schepping is. Maar nader onderzoek aan de tekst levert een andere conclusie op.

Allereerst is er de omstandigheid die al aangekaart is: dat door het aanleggen van een tuin in Eden God een gedeelte van de grotere natuurlijke wereld heeft afgezonderd. Dumbrell verklaart: "Dit maakt de tuin een speciale plek die ruimtelijk van de buitenwereld is gescheiden." Waarom deze scheiding? Omdat het een wereld is "die onder de macht van de goddelijke heerschappij gebracht moet worden, waarvoor Eden een model is."[25] Zoals Beale argumenteert, "[Adam en Eva] bevonden zich op de oerheuvel van het gastvrije Eden, daarbuiten lag het onherbergzame land. Ze moesten het kleinere leefbare gebied van de tuin uitbreiden door de bui-

---

[24] Beisner's discussie van het gebruik van de schrift door milieuactivisten moet ook geraadpleegd worden: "The Use of Scripture by Evangelical Environmentalists" [Het gebruik van de Schrift door evangelicale milieuactivisten], hfdst. 4 in *Where Garden Meets Wilderness* [Waar tuin wildernis ontmoet].

[25] *Covenant and Creation*, bl. 57.

tenste chaotische regio te transformeren in bewoonbaar territorium."[26] En Beisner: "Het zou onlogisch zijn om Adam de opdracht te geven om de tuin te onderwerpen en erover te heersen. De tuin was al in perfecte staat, en de daaropvolgende Bijbelse beeldspraak maakt duidelijk dat het een type was van zowel het heiligdom als het Nieuwe Jeruzalem – en door hen van de hemel zelf. Maar de rest van de aarde miste blijkbaar iets van de perfectie van de tuin. Het was de taak van Adam om de gehele aarde te transformeren (om het te onderwerpen en te beheersen) in een tuin, terwijl hij de originele tuin moest bewaken om te voorkomen dat deze iets van zijn perfectie zou verliezen en zou worden als de niet-onderworpen aarde."[27] Er is dus een schril contrast tussen Eden en de buitenwereld.

Wat de gangbare interpretatie niet voldoende duidelijk maakt is hoe anders en hoe speciaal de Hof van Eden was ten opzichte van de omringende omgeving. De vooraf gevormde notie dat de gehele aarde oeroud en puur was heeft lezers van de Schrift verdoofd voor de aanwijzingen die de Schrift geeft en die samen een heel ander beeld opleveren. Want God woont in Eden, niet erbuiten. Hij maakt Adam buiten de tuin en zet hem erin. Hij brengt dieren van buiten de tuin naar Adam om ze te benoemen. Wanneer Adam valt, verbant Hij hem uit de tuin, en bewaakt deze tegen zijn terugkeer door Cherubs, die vlammende zwaarden hanteren, op wacht te zetten.

De echte situatie wordt nog duidelijker wanneer we ons realiseren dat de tabernakel en tempel van Israël volgens de originele Hof van Eden gemodelleerd zijn. Dit is een van de meest vruchtbare resultaten van recente Bijbelse theologie.[28] Als modellen van de Hof van Eden incorporeerden

---

[26] *The Temple and the Church's Mission* [De tempel en de missie van de kerk], bl. 81.

[27] *Where Garden Meets Wilderness*, bl. 13.

[28] Twee uitstekende voorbeelden hiervan zijn Beale, *The Temple and the Church's Mission*, en Morales, *Who Shall Ascend the Mountain of the Lord?* [Wie zal de berg van de Heer beklimmen?]. In de woorden van Wenham, "De Hof van Eden wordt door de auteur van Genesis niet als slechts een stuk Mesopotamische landbouwgrond gezien, maar als een archetypisch heiligdom, een plek waar God woont en waar de mens hem moet aanbidden. Veel van de eigenschappen van de tuin kunnen ook in latere heiligdommen gevonden worden, vooral in de

Israëls tabernakel en tempel heilige bergbeelden, bootsten ze het weelderig gebladerte na, waren ze versierd met goud en kostbare edelstenen en werden ze voorgesteld als de bron van rivieren van leven. De menora stond symbool voor de Boom des Levens.[29] De ingang van de tabernakel/tempel bevond zich in het oosten, net zoals de Cherubs die in het oosten van de tuin gestationeerd waren. Twee Cherubs bewaakten het binnenste heiligdom van de tempel van Salomo (1 Koningen 6: 23–28) en twee anderen bewaakten de Ark van het Verbond.[30]

De tabernakel/tempel huisvestte de aanwezigheid van God en zette die aanwezigheid tegen de omgeving af – niet om God voor de omgeving te beschermen, maar om de aardse, sterfelijke omgeving voor God, die een verterend vuur is, te beschermen (Hebreeën 12: 29; vgl. Exodus 3: 2). Vandaar dat de Hof van Eden de eerste tempel was; of, om het beeld om te draaien, de tabernakel en tempel waren imitaties van de Hof.

Gezien dit inzicht kunnen we de tweevoudige roeping van de mens, zoals God die in Genesis 1 en 2 vastgelegd heeft, begrijpen. Deze twee zijn weliswaar complementair, maar hebben verschillende onderwerpen.

Aan de ene kant wordt de mens opgeroepen om vruchtbaar en talrijk te worden, en om de aarde te vullen; hem wordt opgedragen de aarde te onderwerpen; hem wordt opgedragen om over de dieren te heersen, "over al de dieren die over de aarde kruipen" (v. 28). Dit is het zogenoemde heerschappij- of cultuurmandaat (waarover hieronder meer).

Aan de andere kant wordt de mens opgedragen om de tuin te dienen en te bewaken. De twee werkwoorden, wanneer ze samen gebruikt worden, verwijzen naar de tempeldienst wat past bij de woonplaats van

---

tabernakel of de tempel in Jeruzalem. Deze parallellen suggereren dat de tuin zelf als een soort heiligdom werd gezien." "Sanctuary Symbolism in the Garden of Eden Story" [Heiligdomssymboliek in het verhaal over de Hof van Eden], bl. 19. In dit artikel catalogiseert Wenham een heel aantal van overeenkomsten tussen de Hof van Eden en de tabernakel/tempel.

[29] Wenham, "Sanctuary Symbolism in the Garden of Eden Story," bl. 21.

[30] Vooral de beschrijving van de tempel van Salomo in 1 Koningen 6 is gevuld met Edense thema's.

God[31]; ze refereren niet aan tuin- of landbouw, *noch aan enige andere dienst die aan de natuur bewezen wordt.* Dit betekent dat de gangbare uitleg van Gen. 2: 15 compleet misplaatst en misleidend is. Het werk van priesters is wat hier opgedragen wordt, in dienst van God, niet in dienst van de natuur. Het was Adams opdracht om in de tuin-tempel te dienen en deze te bewaken; omdat hij hierin gefaald heeft werd hij uit de tuin verbannen en werd zijn plaats als bewaker door de Cherubs overgenomen. Want de opdracht aan Adam gegeven in Gen. 2: 15 om de tuin "te behouden," is wat de Cherubs doen *tegen* hem in Gen. 3: 24.

Dus: Adam werd niet uit de tuin verbannen omdat hij niet de beste landbouwpraktijken toepaste. Hij werd verbannen omdat hij de tuin niet tegen de Boze bewaakte en omdat hij niet gehoorzaamde aan Gods bevel om niet te eten van de vrucht van de boom van kennis van goed en kwaad.

Het heerschappijmandaat moet gezien worden in het licht van deze tempeldienst. Heerschappij moet worden nagestreefd in het verlengde van die dienst. De twee gaan samen. Zoals Beisner opmerkt:

God heeft de mens niet verteld om de wildernis tegen de oprukkende tuin te beschermen. Hij vertelde de mens om de tuin tegen de oprukkende wildernis te beschermen. God heeft Adam opgedragen de tuin te beschermen; Hij heeft Adam niet verteld om de rest van de aarde te beschermen. In plaats daarvan heeft Hij Adam gezegd dat hij de rest van de aarde moest onderwerpen en erover moest heersen. Inderdaad, we kun-

---

[31] "De twee Hebreeuwse woorden voor 'bewerken en behouden' worden op andere plekken in het Oude Testament vaak met 'dienen en beschermen [of behouden]' vertaald. Het is waar dat het Hebreeuwse woord dat normaal met 'bewerken' vertaald wordt aan een landbouwhandeling refereert wanneer het op zichzelf gebruikt wordt (bijv. 2:5; 3:23). Maar wanneer deze twee woorden (werkwoordelijke ['ābad en šāmar] en nominale vormen) samen in het Oude Testament voorkomen (in een bereik van ongeveer 15 woorden), verwijzen ze of naar Israëlieten die God 'dienen' en Gods woord 'beschermen [behouden]' (ongeveer 10 keer) of naar priesters die de 'dienst' (of 'leiding') van de tempel 'onderhouden' (zie Num. 3:7–8; 8:25–26; 18:5–6; 1 Kron. 23:32; Ezech. 44:14)." Beale, *The Temple and the Church's Mission*, bl. 66–67. Zie ook Walton, *The Lost World of Adam and Eve*, bl. 104 e.v.; Wenham, "Sanctuary Symbolism in the Garden of Eden Story," bl. 21.

nen hieruit en vanuit het algemene tuin-versus-wildernisthema van de Schrift opmaken dat een impliciet deel van het culturele mandaat de geleidelijke transformatie van de rest van de aarde in de tuin was.[32]

We kunnen een idee hiervan vormen door het land Israël voor te stellen als verzameld rond de tabernakel, van waaruit het het land Kanaän veroverde. Dit is wat Genesis 1–2 in gedachten heeft. Oorspronkelijk moest het over de gehele wereld worden doorgezet; maar toen Adam en Eva vielen, kreeg hun roeping een geweldige klap, die generaties, eeuwen, millennia duurde om te herstellen, door de verbondsgeschiedenis van Noach, Abraham, Mozes, David, en uiteindelijk het verlossende werk van Christus voor, in en door de kerk.

Net zoals dat de tabernakel en tempel een Edens karakter hadden, hadden ze ook een Edens effect. Door de tempeldienst en door gehoorzaamheid aan Gods wet, waardoor er weer ruimte kwam voor God Zelf om bij de mensheid te wonen, werd de vloek over het gebruik van de natuur door de mens, zoals uitgelegd in Gen. 3: 17, omgezet in een zegen. Dit is precies wat er gebeurde toen de tabernakel in Israël werd opgericht en God terugkeerde om bij zijn volk te wonen zoals in Exodus 40 beschreven.

> Voor de eerste keer sinds de oervloed – sinds de verbanning uit de tuin van YHWH – woont God, door de tabernakel, bij de mensheid. De maker van hemel en aarde, Die ooit in de nevel van de oertijd voor de zondvloed onder de mensheid rondliep, keert terug – nu – in de geschiedenis, door een verbondsrelatie met Israël bemiddeld door Mozes. Wanneer de glorie van YHWH dus op de tabernakel neerstrijkt vindt er een historisch dramatische gebeurtenis plaats: de God van de hemel in al zijn donderende majesteit is gearriveerd – de Komst van YHWH – om *op aarde* met zijn volk te wonen: Eden herwonnen.[33]

De verbonds- en liturgische regeling keren de gevolgen van de val om. De herstelde aanwezigheid van God brengt aardse zegen, en de mens wordt opnieuw in staat gesteld om zijn originele opdracht om vruchtbaar

---

[32] Beisner, *Where Garden Meets Wilderness.* bl. 127.
[33] Morales, *Who Shall Ascend the Mountain of the Lord*, bl. 106.

te zijn, te vermenigvuldigen, de aarde te vullen en te onderwerpen, na te streven.

Leviticus 26

Hoofdstuk 26, de deksteen van Leviticus (het boek dat de tabernakeldienst uitlegt) maakt dit overduidelijk. Het begint door te wijzen op de voordelen die Israël ten deel vallen door gehoorzaamheid aan God:

Als u in Mijn verordeningen wandelt en Mijn geboden in acht neemt en ze houdt, dan zal Ik u op zijn tijd regen geven, zodat het land zijn opbrengst zal geven en de bomen van het veld hun vruchten zullen geven. Dan zal de dorstijd bij u tot de wijnoogst duren, en de wijnoogst zal tot de zaaitijd duren. U zult uw brood tot verzadiging toe eten en onbezorgd in uw land wonen. Ik zal vrede in het land geven, zodat u kunt slapen zonder dat iemand u schrik aanjaagt. Ik zal de wilde dieren uit het land wegdoen en geen zwaard zal meer door uw land gaan. U zult uw vijanden achtervolgen en zij zullen door het zwaard vóór u neervallen. Vijf van u zullen er honderd achtervolgen, en honderd van u zullen er tienduizend achtervolgen. Uw vijanden zullen door het zwaard vóór u neervallen. Ik zal Mij naar u toewenden, u vruchtbaar en talrijk maken en Mijn verbond met u bevestigen. Terwijl u nog van de oude oogst van het oude jaar eet, kunt u de oude oogst al wegdoen vanwege de nieuwe. Ik zal Mijn tabernakel in uw midden plaatsen en Mijn ziel zal niet van u walgen. Ik zal in uw midden wandelen. Ik zal u tot een God zijn en u zult Mij tot een volk zijn. Ik ben de HEERE, uw God, Die u uit het land van de Egyptenaren geleid heeft, zodat u niet meer hun slaven bent. Ik heb de stangen van uw juk gebroken en u rechtop laten gaan (vv. 3–13).

De lijst van specifieke zegeningen hier is verbluffend. Alles van gunstig weer tot landbouwproductie tot nationale veiligheid en succes in oorlogen tot nobele, rechtschapene vrijheid, allemaal gegeven om bevestiging van het verbond te verschaffen; hier hebben we de vervulling van de opdracht in Gen. 1 om talrijk te zijn, te vermenigvuldigen, de aarde te vullen, en haar te onderwerpen. Merk ook op dat de opdracht in Gen. 1: 26 en 28, om over het dierenrijk te heersen, op dezelfde manier wordt vervuld, in het bijzonder door het elimineren van de lievelingen van de milieubeweging, de gevaarlijke dieren. Dit druist uiteraard in tegen de strekking van hun verhaal; maar het hoofdstuk eindigt daar niet, zoals duidelijk zal worden.

Want ongehoorzaamheid heeft ook zijn gevolgen.

Maar als u niet naar Mij luistert en al deze geboden niet doet, als u Mijn verordeningen verwerpt en als uw ziel van Mijn bepalingen walgt, zodat u geen enkele van Mijn geboden doet door Mijn verbond te verbreken, dan zal Ik Zelf dit met u doen: Ik zal verschrikking over u brengen, tering en koorts, die uw ogen doen bezwijken en uw leven doen wegkwijnen. U zult uw zaad voor niets zaaien, want uw vijanden zullen het opeten. Ik zal Mijn aangezicht tegen u keren, zodat u door uw vijanden verslagen wordt. Zij die u haten, zullen over u heersen. U zult op de vlucht slaan, terwijl niemand u achtervolgt. Als u dan ondanks dit alles nog niet naar Mij luistert, dan zal Ik u vanwege uw zonden zeven keer erger straffen. Ik zal de trots op uw eigen kracht breken. Ik zal uw hemel als ijzer maken en uw aarde als brons. Uw kracht zal voor niets verbruikt worden, uw land geeft zijn opbrengst niet en de bomen op het land geven hun vruchten niet (vv. 14–20).

Hier worden vooral verliezen in oorlogen benadrukt, maar ecologische gevolgen van ongehoorzaamheid richting Gods wet worden ook gegeven. De hemel als ijzer, de aarde als brons – geen klimaatsverandering maar Gods vloek die droogte brengt, leidend tot mislukkingen in landbouw en fruitteelt.

Maar dat is nog niet alles.

Als u dan tegen Mij blijft ingaan en niet naar Mij wilt luisteren, dan zal Ik u overeenkomstig uw zonden zeven keer harder slaan. Ik zal de dieren van het veld op u afsturen en die zullen u van kinderen beroven, uw vee uitroeien en u in aantal zó verminderen, dat uw wegen er verlaten bij liggen (vv. 21–22).

De terugkeer van de wilde dieren! Ja, opnieuw het droomscenario van de milieuactivisten geleefd, alhoewel hier wel met het ongelukkige neveneffect van dode kinderen en dood vee.[34] Dit zal niet gebeuren door verkeerd landbeheer, maar simpelweg door ongehoorzaamheid aan Gods morele wetten zoals uiteengezet in de eerdere hoofdstukken van Leviticus, beginnend met seksuele immoraliteit (hfdst. 18, 20). Maar er is meer.

> En als u zich hierdoor nog niet laat bestraffen en tegen Mij blijft ingaan, dan zal Ik Zelf ook tegen u ingaan en zal Ik Zelf u vanwege uw zonden ook zeven keer harder slaan. Dan breng Ik het zwaard over u, dat de wraak van het verbond voltrekt. Wanneer u zich dan in uw steden verzamelt, zal Ik de pest in uw midden sturen. U zult in de hand van de vijand overgegeven worden. Wanneer Ik het u aan brood laat ontbreken, dan zullen tien vrouwen uw brood in één oven bakken en zij zullen uw brood in afgewogen hoeveelheden moeten teruggeven. U zult eten, maar niet verzadigd worden (vv. 23–26).

Pest en hongersnood! Opnieuw, niet vanwege klimaatsverandering maar verbonden met nederlagen in de strijd, omdat God Zichzelf voor ongehoorzaamheid aan zijn wet wraakt. En dan:

> Als u dan hierom nog niet naar Mij luistert en u tegen Mij blijft ingaan, dan zal Ik met grimmigheid tegen u ingaan en zal Ik Zelf u vanwege uw zonden ook zeven keer erger straffen. U zult dan het vlees van uw eigen zonen eten, en het vlees van uw eigen dochters zult u eten. Ik zal uw offerhoogten wegvagen en uw wierookaltaren uitroeien. Ik zal uw dode lichamen op de dode lichamen van uw stinkgoden werpen en Mijn ziel zal van u walgen. Ik zal van uw steden een puinhoop maken en uw heiligdommen verwoesten. Ik wil de aangename geur van uw offers niet ruiken (vv. 27–31).

Hongersnood zo verschrikkelijk dat het in kannibalisme uitmondt.

---

[34] "Wat de Schrift consistent als een vloek behandelt is de romantische droom van velen in de milieubeweging.... Die taal is genoeg om leiders van de Sierra Club, of de Wilderness Society, of de National Wildlife Foundation, of de World Wildlife Fund, of Earth First!, of een groot aantal andere milieuorganisaties overdreven te laten prijzen in weemoedig verlangen." Beisner, *Where Garden Meets Wilderness*, bl. 120.

En nog slechter – kannibalisme van eigen kinderen. Dit is de vergelding voor de afgoderij waarbij de vergoddelijkte schepsels van de natuurlijke wereld worden aanbeden terwijl de God die hen geschapen heeft wordt afgewezen.

Het resultaat van dit alles is sabbatsrust voor het land.

> Ik Zelf zal het land verwoesten, zodat uw vijanden die daarin zijn gaan wonen, zich erover zullen ontzetten. Ik zal u dan onder de heidenvolken verstrooien en Ik zal achter u een zwaard trekken. Uw land zal een woestenij worden en uw steden een puinhoop. Dan zal het land behagen scheppen in zijn sabbatsjaren, alle dagen dat het verwoest ligt en u in het land van uw vijanden bent. Dan zal het land rusten en zal het behagen scheppen in zijn sabbatsjaren (vv. 32–34).

We vinden hier een uitleg van sabbatsrust voor het land die volstrekt onverenigbaar is met de uitleg van onze christelijke milieuactivisten. Zoals we hebben gezien (bl. 12) argumenteren zij dat de sabbatsrust die door God aan het land gegeven is, toen de Babyloniërs de Israëlieten gevangengenomen hadden, gegeven werd omdat de Israëlieten geen goed landbeheer toepasten, en het land uitbuitend gebruikten. Maar wanneer we de echte reden voor de 70-jarige sabbatsrust van het land onderzoeken, vinden we dat het absoluut niks met landbeheer te maken heeft, maar met afgodendienst en immoraliteit.

Hoofdstuk 18 maakt dit duidelijk. De focus (vv. 6–23) ligt op seksuele immoraliteit. En de prijs die betaald moet worden is ernstig:

> U mag uzelf niet verontreinigen met al die dingen, want de heidenvolken die Ik vóór u uit ga verdrijven, hebben zich met al die dingen verontreinigd, *zodat het land onrein geworden is.* Ik zal het zijn ongerechtigheid vergelden, *zodat het land zijn bewoners zal uitspuwen.* Maar ú moet Mijn verordeningen en Mijn bepalingen in acht nemen. U mag geen enkele van die gruweldaden doen, de ingezetene van het land niet, en ook de vreemdeling niet die in uw midden verblijft. Want de mensen in dit land die er vóór u waren, hebben al die gruweldaden gedaan, *zodat het land onrein geworden is.* Laat het land u niet uitspuwen, omdat u het verontreinigt, zoals het het heidenvolk dat er vóór u was, uitgespuwd heeft (vv.

24–28, nadruk toegevoegd).

Het is niet het misbruik van land dat het land niet aan kan, maar seksuele immoraliteit en de daarmee gepaard gaande kinderoffers (v. 21). Dat is zo onverdraaglijk dat het land de beoefenaars daarvan uitspuwt. Dit is inderdaad het laatste wat moderne mannen en vrouwen, zelfs moderne christenen, willen horen. Het is veel comfortabeler en bewogener om alle schuld te geven aan dingen zoals het misbruiken van het land. Maar het land zelf is het daarmee oneens. Het kan niet omgaan met de overtredingen van Gods wet door de mens. Tegelijkertijd is zulk een sabbatsrust alles behalve een terugkeer naar het paradijs. Een dergelijke rust laat het land zo verlaten achter dat zelfs Israëls vijanden die zich in het land vestigen er ontzet over zijn (26: 32).

Jesaja 24

Laten wij nu overgaan naar de andere verzen die worden aangevoerd ten gunste van de landvernietigingsthese. Wat kunnen we zeggen over vv. 4–6 van Jesaja hfdst. 24? Zoals we hebben gezien worden deze verzen geciteerd om Gods zorg voor het milieu te onderbouwen; ze worden gezien als een voorbeeld van Gods oordeel over hen die de goede schepping zouden willen misbruiken. Maar het is een selectief citaat dat een dergelijke afbeelding schetst. Verzen 1–3 geven de nodige context: "Zie, de HEERE maakt het land leeg en verwoest het; het oppervlak ervan keert Hij ondersteboven, Hij verspreidt zijn inwoners. Het land zal volkomen leeggehaald en leeggeplunderd worden, want de HEERE heeft dit woord gesproken." Het is *God* die het land leegmaakt en verwoest. En waarom doet Hij dit? Omdat haar inwoners de aarde door het overschrijden van wetten, het schenden van statuten en het breken van het eeuwige verbond (v. 5) de aarde "ontwijd" hebben – in het kort, omdat ze Zijn wet hebben overtreden. Deze vervuiling is dus niet fysiek maar moreel.

Deze andere verzen maken hetzelfde duidelijk:

Numeri 35: 33: "U mag het land waarin u woont niet ontheiligen, want het bloed ontheiligt het land. Voor het land kan geen verzoening gedaan worden over het bloed dat erin vergoten wordt, dan door het bloed van degene die dat vergoten heeft."

Psalm 106: 38: "Zij vergoten onschuldig bloed, het bloed van hun zonen en dochters. Zij offerden hen aan de afgoden van Kanaän, zodat het land door deze bloedschulden ontheiligd werd."

Jeremia 3: 1–2, 9: "[Het woord des HEREN kwam tot mij]: Indien een man zijn vrouw verstoot en zij gaat van hem weg en wordt de vrouw van een andere man, zal hij dan nog tot haar terugkeren? Zal niet dat land ten zeerste ontwijd worden? Doch gij hebt ontucht gepleegd met vele minnaars – en dan tot Mij terugkeren? luidt het woord des HEREN. Hef uw ogen op naar de kale heuvels en zie, waar hebt gij u niet laten misbruiken? Aan de wegen hebt gij op hen zitten wachten als een Arabier in de woestijn, en gij hebt het land ontwijd door uw ontuchtigheden en uw boosheid.... En door haar lichtvaardig gepleegde ontucht ontwijdde zij het land; ja, zij bedreef overspel met steen en met hout" (NBG51).

Jeremia 23:11: "Want zowel profeet als priester pleegt heiligschennis, zelfs in Mijn huis heb Ik hun slechtheid gevonden, spreekt de HEERE."

Micha 4:11: "Wel zijn nu vele volkeren tegen u vergaderd, die zeggen: Zij worde ontwijd, en mogen onze ogen zich aan Sion verlustigen!" (NBG51).

Hosea 4

Een ander vers dat aangehaald wordt om door de mens veroorzaakte milieudegradatie te suggereren is Hosea 4: 3: "Daarom treurt het land, en ieder die erin woont, verkommert, met de dieren van het veld en de vogels in de lucht. Zelfs de vissen in de zee worden weggenomen." Ook hier is context belangrijk. De voorgaande verzen (1–2) geven die: "Hoor het woord van de HEERE, Israëlieten, want de HEERE heeft een rechtszaak met de inwoners van dit land, omdat er geen trouw, geen goedertierenheid en geen kennis van God in het land is. Vloeken, liegen, moorden, stelen en overspel plegen zijn wijdverbreid; bloedbad volgt op bloedbad." Ook hier wordt niet over misbruik van land gesproken, maar alleen van immoraliteit en criminaliteit, schaamteloze overtredingen van de wet van God.

De passage vervolgt: "Mijn volk is uitgeroeid, omdat het zonder kennis is. Omdat ú de kennis verworpen hebt, heb Ik u verworpen om als priester voor Mij te dienen. Omdat u de wet van uw God hebt vergeten, zal Ik ook uw kinderen vergeten" (v. 6) Is dit niet het oordeel dat ons wacht wanneer we niet het land, maar Gods Woord misbruiken om het aan onze agenda's aan te passen?

Openbaring 11

Ten slotte Openbaring 11:18, waarvan Van Dyke et al. beweren dat het spreekt over bestraffing voor hen die de natuur vernietigen – iets wat God volgens hen beschouwt als "een extreme zonde" (zie bl. 12 hierboven). En waarover Hyneman en Shore namens World Vision schrijven: "Het zijn niet alleen diegenen die de wereld voor eigen gewin kwaadwillig mishandelen die gestraft zullen worden, maar ook diegenen die erbij staan en stil blijven over milieuovertredingen."[35]

Dit is dus een serieuze zaak. Hoe luidt het vers eigenlijk? "En de volken zijn toornig geworden, en Uw toorn is gekomen en daarmee ook het tijdstip voor de doden om geoordeeld te worden, en om het loon te geven aan Uw dienstknechten, de profeten, en aan de heiligen en aan hen die Uw naam vrezen, de kleinen en de groten, en om hen te vernietigen die de aarde vernietigden." Het woord voor "vernietigen" hier is *diaphtheiró*, een combinatie van *dia* (compleet) en een vorm van hetzelfde woord dat we al zijn tegengekomen, *phthora* (corruptie). Het kan "vernietigen" en "geheel verwoesten" betekenen, en het kan ook "om compleet te corrumperen" betekenen. Johannes gebruikt hetzelfde woord voor twee verschillende betekenissen hier, zoals in Ellicotts commentaar wordt uitgelegd (*A Bible Commentary for English Readers* [Een Bijbelcommentaar voor Engelstalige lezers]): "Het is dus een wee voor al diegenen die Gods geschenken en de prachtige dingen die Hij ons vrijelijk gegeven heeft om van te genieten hebben misbruikt. Het is een wee voor al diegenen die hun lichamen, die de tempels van de Heilige Geest zijn, hebben verontreinigd, die de aarde, Gods voetenbank, hebben ontheiligd, of de hemel, Zijn troon, door hun kwade handelingen hebben verduisterd. Zij die dus Gods tempel hebben ontheiligd (of, *vernietigd*: het woord staat zo in de kantlijn en is hetzelfde als wat volgt) zal God vernietigen (1 Korinthe 6:19; 1 Korinthe 3:17)."

Andere commentaren volgen dezelfde redenering:

---

[35] Hyneman en Shore, *Why are We Stewards of Creation?* [Waarom zijn we rentmeesters van de schepping?], bl. 12.

Matthew Poole (*Annotations upon the Holy Bible* [Aantekeningen bij de heilige Schrift]): "De tijd is gekomen dat u dat antichristelijke gebroed, dat zo lang de aarde geteisterd heeft en uw volk daarin heeft vernietigd, hebt vernietigd of zult vernietigen."

The Pulpit Commentary [Het Preekstoelcommentaar]: "De goddelozen zijn zij die 'de aarde vernietigen,' want het is door hun schuld dat de aarde is vernietigd; zij 'vernietigen de aarde' ook door haar te corrumperen, wat de strekking van διαφθεῖραι [*diaphtheirai*] is."

Barnes (*Notes Explanatory and Practical on the Book of Revelation* [Verklarende en praktische Opmerkingen over het boek Openbaring]): "Allen die door hun veroveringen verwoesting over de aarde hebben gezaaid en die de rechtvaardigen hebben vervolgd, en allen die onrecht en kwaad aan welke klasse van mensen dan ook hebben gedaan."

Gill (*Exposition of the Entire Bible* [Expositie van de gehele Bijbel]): "En om hen te vernietigen die de aarde vernietigden; of 'haar corrumperen'; wat betekent de antichrist en zijn volgers; die, wie de lichamen, de zielen, en het nalatenschap van mensen vernietigen, en niet alleen de bewoners van de aarde, maar zelfs de aarde zelf; want door die luiheid en laksheid die ze verspreiden waar ze ook komen, wordt een vruchtbaar land tot braakliggend; zij, die de gedachten van de mens met valse leer, afgoderij en bijgeloof corrumperen, en de lichamen van vrouwen en mannen met alle onreinheid en smerigheid, met ontucht, sodomie, etc. corrumperen, Openbaring 19: 2; en die schuldig zijn aan hun eigen verwoesting en de verwoesting van anderen; die, bij het blazen op de zevende bazuin, spoedig en onomkeerbaar zal komen."

Het gaat dus niet om aantasting van het milieu maar, nogmaals, om ongehoorzaamheid aan de wet van God, en meer specifiek de corruptie en vervolging van het lichaam van Christus, de kerk. Het is een beschrijving van het laatste oordeel dat over zondaars zal worden uitgesproken, terwijl tegelijkertijd de gehoorzamen zullen worden beloond.

Op dit moment zouden de verkeerde interpretaties en voorstellingen van de Schrift door christelijke milieuactivisten duidelijk moeten zijn. Het is moeilijk om de conclusie dat voor deze mensen hun agenda belangrijker is dan de waarheid, te ontlopen. De Schrift zal worden aangepast aan het narratief, wat er ook gebeurt. Maar hoe verschilt dit van de praktijk waar Jezus de Farizeeën van beschuldigde, toen hij het volgende tegen hen zei: "U stelt Gods gebod op een mooie manier terzijde om u aan uw overlevering te houden!" (Markus 7: 9)?[36]

Beisner maakt het punt duidelijk:

> Laten we vooral leren dat de mens verantwoording verschuldigd is voor zijn heerschappij over de aarde. Laten we gezonde principes voor het gebruik en onderhoud van middelen, het tegengaan van vervuiling en recycling ontwikkelen. Laten we herkennen dat de Schrift laat zien dat zonde gevolgen heeft voor het milieu. Maar laten we allereerst de mens oproepen tot berouw over zonde en trouwe gehoorzaamheid aan God volgens Zijn wetten, en laten we oppassen dat we geen aantasting van het milieu lezen in passages die spreken over afgoderij, spiritueel overspel en vergelijkbare zonden die net zo goed begaan kunnen worden door iemand die de best beschikbare praktijken omtrent bodembehoud of afvalverwerking en recycling toepast, als door iemand die dergelijke wijze methoden negeert of opzijzet.[37]

---

[36] Granberg-Michaelson (*Ecology and Life* [Ecologie en leven], bl. 57 e.v.) kiest een meer genuanceerde aanvliegroute. Hij citeert Jeremia 2: 7: "Ik bracht u in een vruchtbaar land, om de vrucht daarvan en het goede ervan te eten. Maar toen u daarin kwam, verontreinigde u Mijn land en hebt u Mijn eigendom tot een gruwel gemaakt." Maar ook hier is de context doorslaggevend. Het laat zien dat Israëls overtredingen niet tegenover het land maar tegenover God zijn. "Heeft een volk ooit goden ingeruild? – en het zijn niet eens goden! – Toch heeft Mijn volk zijn Eer ingeruild voor wat niet van nut is" (v. 11). Hoewel Granberg-Michaelson dit doorheeft, probeert hij nog steeds het misbruik van land het probleem te maken. "Dit is een van de vele Bijbelse verwijzingen die de ontrouw en zonde van de mensheid uitdrukken in de vernietiging van het milieu. Toch is deze relatie meer dan dat. Bijbelse passages suggereren vaak dat de opstand van de mensheid tegen God er op allerlei manieren toe leidt dat het land zelf lijdt, rouwt en onvruchtbaar wordt" (bl. 57–58). Inderdaad. Maar dit "lijden" komt van God, niet van de mens. Daarbij is het niet de *reden* voor straf, het *is* de straf.

[37] *Where Garden Meets Wilderness*, bl. 49.

DE BETEKENIS VAN RENTMEESTERSCHAP

Met dit begrip van sleutelpassages in de Schrift kunnen we het concept van rentmeesterschap ons nu meester maken. Christelijke milieuactivisten hebben het idee dat mensen rentmeesters van de natuur zijn omarmd. Het document over dit onderwerp, gepubliceerd door World Vision onder de naam *Why Are We Stewards of Creation? World Vision's Biblical Understanding of How We Relate to Creation* [Waarom zijn we rentmeesters van de schepping? World Visions Bijbelse begrip over hoe we ons tot de schepping verhouden] geeft een relatief beknopte samenvattende conclusie:

Wij begrijpen rentmeesterschap als de opdracht van God om alles wat ons is toevertrouwd te bewerken, te verzorgen, te bewaken, en te beschermen.

De kernwaarde van World Vision luidt, 'we zijn rentmeesters' – de middelen waarover wij beschikken zijn niet van onszelf. Wij begrijpen onze roeping tot rentmeesterschap door onze studie van Genesis 2: 15, 'De Heere God nam de mens, en zette hem in de Hof van Eden om die te bewerken en te onderhouden.'

Het Hebreeuwse woord voor 'onderhouden' is *shamar*, wat 'waken, bewaken, beschermen,' betekent. Het concept geeft zorgvuldige en nauwgezette observatie aan – specifiek een aandachtige en beschermende verzorging.

Genesis 2: 15 onthult dat de schepping bewerkt moet worden, dat mensen geschapen zijn om arbeiders te zijn, dat werk geen vloek maar het plan van God is, en dat de mensheid wordt voorzien in haar behoeftes door de schepping. Deze passage laat ook zien dat de schepping zelfs voor de val verzorging nodig had. Dit aspect van zorgdragen voor de schepping betekent dat wij de schepping moeten beschermen, koesteren, en bewaren – een goede articulatie van de rol van een dienaar of rentmeester.

Als heerschappij de verantwoordelijkheid om voor de schepping te zorgen is, beschrijft rentmeesterschap hoe we deze heerschappij moeten uitoefenen.

We beheersen de schepping voor het welzijn van de mensheid en andere onderdelen van de schepping, niet op een overheersende, egoïstische en uitbuitende manier, maar door de schepping te koesteren, te behouden en het te helpen functioneren zoals God het bedoeld heeft.

De Bijbel zegt dat het Gods intentie is dat de menselijke heerschappij het beste tot uiting komt middels rentmeesterschap – aangestelde verzorgers die de instructies van God de eigenaar opvolgen – over de schepping. Rentmeesterschap is **hoe** we over de schepping heersen zoals God wil.[38]

Het concept van rentmeesterschap dat hier naar voren wordt gebracht continueert het misverstand dat we al hebben benadrukt. Het spreekt over "de opdracht van God om alles wat ons is toevertrouwd te bewerken, te verzorgen, te bewaken, en te beschermen" – maar wie precies "wij" is, wordt niet duidelijk. We komen hierop terug. Bovendien is de belangrijkste bewijstekst die aangevoerd wordt Genesis 2: 15: "Wij begrijpen onze roeping tot rentmeesterschap door onze studie van Genesis 2: 15, 'De Heere God nam de mens, en zette hem in de hof van Eden om die te bewerken en te onderhouden' .... Genesis 2: 15 onthult dat de schepping bewerkt moet worden, dat mensen geschapen zijn om arbeiders te zijn, dat werk het plan is van God en niet een vloek, en dat de mensheid wordt voorzien in haar behoeftes door de schepping." Maar zoals we hebben gezien, heeft Gen. 2: 15 niets te maken met het zorgdragen voor en koesteren van de schepping! Het tegenovergestelde is waar. Het heeft te maken met het bewaken en beschermen van Eden *tegen* de schepping. Het heeft te maken met het dienen in en het beschermen van de tempel – want dat is wat de Hof van Eden was.

Welke passage uit de Schrift spreekt dan over rentmeesterschap over de schepping, als Genesis 2: 15 dat niet doet? Allereerst is er het heerschappijmandaat waarin de mensheid opgeroepen wordt om zich te vermenigvuldigen en om de aarde te vullen, haar te onderwerpen en om te heersen over het dierenrijk. Het woord voor onderwerpen is *kabash*, dat volgens het woordenboek van Italie bedwingen of onderdrukken betekent.[39] Een voorbeeld van hoe dit woord wordt gebruikt vinden we in Nehemia 5: 5: "Welnu, zoals het vlees van onze broeders is ook ons vlees;

---

[38] Hyneman en Shore, *Why are We Stewards of Creation?*, bl. 20.
[39] Italie, *Bijbels Hebreeuws-Nederlands Woordenboek*, bl. 125–126.

zoals hun zonen zijn ook onze zonen. En zie: wij staan op het punt onze zonen en onze dochters *aan de slavernij* te *onderwerpen* en er zijn er van onze dochters die al *aan de slavernij zijn onderworpen*, en dat buiten onze macht. En onze velden en onze wijngaarden behoren aan anderen toe." De schuingedrukte woorden zijn vormen van *kabash*.

Een vergelijkbare passage kunnen we in Numeri 32 vinden: "Toen zei Mozes tegen hen: Als u deze zaak doen zult, als u uzelf voor het aangezicht van de HEERE voor de strijd zult toerusten, en elke man van u die toegerust is voor de strijd, de Jordaan zal oversteken voor het aangezicht van de HEERE, totdat Hij Zijn vijanden van voor Zijn aangezicht heeft verdreven, en het land voor het aangezicht van de HEERE onderworpen is, dan zult u terugkeren en onschuldig zijn voor de HEERE en voor Israël; en dit land zal u tot bezit zijn voor het aangezicht van de HEERE" (vv. 20–22). Het onderwerpen van het land is hier het verwijderen van de Kanaänieten – de immorele afgodendienaars – om zo het land van zonde te zuiveren om het op Gods aanwezigheid voor te bereiden. Hier is dus nog een indicatie dat Genesis 1–2 zich niet bezighoudt met hoe we voor de schepping moeten zorgen, maar hoe we het land op de komst van de Heer moeten voorbereiden. De focus is niet de natuur, maar God.

Dit wordt verder belicht door het andere gebod dat God de mens in Gen. 1 geeft, om te heersen over het dierenrijk. Het woord voor heersen is *radah*, dat Italie met heersen of overweldigen definieert.[40] Het wordt vooral gebruikt om het heersen over andere mensen aan te geven, en beschrijft dus politieke overheersing; het kan ook gebruikt worden om de correcte omgang met slaven te beschrijven, zoals in Leviticus 25: 39–55.

Maar in Gen. 1 beschrijft *radah* hoe dieren behandeld moeten worden. De vraag die daardoor opkomt is waarom er hier dan woorden voor onderwerping en heerschappij aan te pas komen. Vooral gezien de gangbare uitleg, die de natuur als ongerept, perfect en ongeschonden geschapen ziet – wat is dan het doel van onderwerping en heerschappij? Inderdaad, het houdt in de gangbare uitleg geen steek. Maar zoals we hebben gezien is de gangbare uitleg fout. En wanneer we begrijpen dat de schepping niet onbedorven is, maar vanaf het begin onderworpen is aan ver-

---

[40] Italie, *Bijbels Hebreeuws-Nederlands Woordenboek*, bl. 283.

geefsheid en aan corruptie, is deze taal volkomen logisch. De natuurlijke wereld moest onderworpen worden, moest ondergeschikt gemaakt worden, om haar voor de komst van de Heer, zoals Hij zich in Eden presenteerde, klaar te maken. Het vergankelijke kan het onvergankelijke niet beerven.[41]

Rentmeesterschap van de natuurlijke schepping is dus niet wat in Gen. 1–2 besproken wordt. Dit betekent niet dat er geen concept van rentmeesterschap in de Bijbel aanwezig is. Dat is er. Maar het heeft een specifieke, afgebakende inhoud die niet overeenkomt met de uitgebreide rol die er in moderne milieuactivistische behandelingen aan wordt toegeschreven, christelijk of anderszins.

---

[41] Dit vertelt ons hoe Gen. 1: 29–30 te interpreteren: "En God zei: Zie Ik geef u al het zaaddragende gewas dat op heel de aarde is, en alle bomen waaraan zaaddragende boomvruchten zijn; dat zal u tot voedsel dienen. Maar aan al de dieren van de aarde, aan alle vogels in de lucht en aan al wat over de aarde kruipt, waarin leven is, heb Ik al het groene gewas tot voedsel gegeven. En het was zo." Met het kader dat we hier voorstellen is dit geen descriptief statement maar een prescriptief statement. De meeste commentatoren zijn het er over eens dat dit het vleeseten van de mens niet uitsluit aangezien God Adam en Eva met dierenhuiden bekleedde (wat de dood van het dier inhoudt), Abel offerde (waar tijdens dit proces het vlees gegeten werd), en dat Noach de dieren in reine en onreine dieren voor offergaven scheidde (Gen. 7: 2). En de natuurwetenschappen vertellen ons dat ecosystemen hoe ze nu zijn een compleet nieuwe schepping vereisen. Daarom faalt het als een descriptief statement. Maar als een prescriptief statement is het compleet logisch. Als onderdeel van Adams roeping om heerschappij uit te oefenen middels het uitbreiden van de tuin-tempel, zou dit een invasie van de ecologische wereld betekenen en het transformeren in een wereld die niet langer dood, predatie, het eten van aas, etc. tentoonstelt. Dit zou passages zoals Jesaja 65:25 vervullen: "Een wolf en een lammetje zullen gezamenlijk weiden, een leeuw zal stro eten als een rund, een slang – zijn voedsel zal stof zijn. Zij zullen geen kwaad doen en geen verderf aanrichten op heel Mijn heilige berg, zegt de HEERE." Hoe dit dan exact zou kunnen gebeuren is uiteraard pure speculatie.

Rentmeesterschap in de Bijbel

Wat is de doctrine van de Schrift jegens rentmeesterschap? Hall zegt hier het volgende over: "De Bijbel, in zowel het Nieuwe als het Oude Testament, bevat ongeveer zesentwintig directe verwijzingen naar de rentmeester en rentmeesterschap. Het gebruik van de term in de Hebreeuwse Schrift is uniform technisch of letterlijk; dat wil zeggen, het beschrijft een feitelijke functie of roeping in de samenleving."[42] Specifieker refereert het aan de manager van een huishouden, koninklijk of anders. Voorbeelden zijn Eliëzer (Abrahams rentmeester), Josef (Potifar en de farao), en Sebna (Hizkia).

In het Nieuwe Testament zijn er twee woorden die voor rentmeester gebruikt worden: *epitropos* en *oikonomos*. Beide woorden refereren aan een positie in een huishouden, het eerste meer wat de bescherming van personen betreft, het tweede (waar ons woord "economie" van afgeleid is) wat bezit betreft. Als zodanig is rentmeesterschap een functie van recht en eigendom. Het is een rol die door de instituties van familie en bezit wordt afgebakend.

Hoe zit het met metaforisch gebruik? Hier zijn ook voorbeelden van, en die zijn veelzeggend. Rentmeesterschap wordt toegepast op ambtsdragers in de kerk (1 Korinthe 4: 1–2; Titus 1: 7) en op christenen in de kerk in het algemeen (1 Petrus 4: 10). Dit sluit goed bij ons begrip van Gen. 2: 15 als verwijzing naar de tempeldienst aan. Ons rentmeesterschap (tempeldienst en bescherming) wordt in de kerk, het huishouden van God, uitgevoerd (1 Timotheüs 3: 15); het is onze dienst in Gods tempel (1 Korinthe 3: 16, 2 Korinthe 6: 16, Efeze 2: 21).

Waar is dan het brede concept van rentmeesterschap, waarbij de mensheid opgedragen wordt om een soort universeel collectief beheer over de planeet te vormen? In de Schrift vinden we deze gedachte niet. Geleerden die de kwestie onderzoeken erkennen dat dit alomvattend concept van rentmeesterschap een innovatie is. Hall schrijft dat de Noord-Amerikaanse kerk in de 20ᵉ eeuw rentmeesterschap oorspronkelijk in enge zin opvatte, als het verzamelen en beheren van kerkelijke gelden, terwijl het concept in Europa niet eens ter sprake kwam; pas recentelijk is het gang-

---

[42] Hall, *The Steward* [De rentmeester], bl. 31–32.

baar geworden in de brede zin van globaal beheer.[43]

De belangrijkste geleerde die zich met het concept van rentmeesterschap bezighoudt, John Reumann, schetst een vergelijkbaar beeld. Schrijvend in 1992, besprak hij zijn 40 jaar lange onderzoek naar het gebruik van de term rentmeesterschap in de Bijbel en de kerk. Al in 1957 heeft hij zijn proefschrift over *oikonomia* en gerelateerde termen geschreven.[44] Hij is er niet van overtuigd om dit woord te gebruiken zoals Hall en anderen doen.

> Gedefinieerd zoals Douglas John Hall het zou willen, is rentmeesterschap een Bijbels symbool dat alleen in Noord-Amerika tot wasdom is gekomen. Zelfs het Nieuwe Testament heeft het nooit helemaal begrepen. Het betekent zorgdragen voor de wereld, samen met alle rechtschapen, ecologisch geneigde mensen, en correcte politieke actie voor de toekomst van de samenleving. De prijs voor zo een definitie is het afschrijven van de bijna complete kerkgeschiedenis en vermoedelijk het meeste theologiseren vanaf Constantijn de Grote tot aan de hedendaagse bevrijdingstheologie en het schijnbaar wegzetten van evangelisatie, die mensen tot Jezus Christus bekeert, als arrogant.[45]

Rentmeesterschap... of Imperium?

Reumanns terughoudendheid is gegrond. De Bijbel spreekt niet over rentmeesterschap op deze manier. Maar het heeft iets te zeggen over de veronderstelde besturing van de aarde. En dit gaat ook terug tot het boek Genesis.

Om dit te begrijpen, moeten we opnieuw kijken wat er in Eden gebeurde. De dubbele roeping die God aan Adam gegeven heeft kan als priesterlijk en koninklijk gekarakteriseerd worden.[46] In het combineren

---

[43] Hall, *The Steward*, bl. 3 e.v.

[44] Reumann, *Stewardship and the Economy of God*, bl. 14.

[45] Reumann, *Stewardship and the Economy of God*, bl. 63

[46] "Adam kan het beste als een 'priester-koning' gezien worden, want het is pas na de 'val' dat priesterschap van koningschap gescheiden is, hoewel Israëls eschatologische verwachting die van een messiaanse priester-koning is (zie bijv. Zach. 6:12–13)." Beale, *The Temple and the Church's Mission*, bl. 70.

van deze twee ambten was Adam in het bezit van capaciteiten waar wij alleen over kunnen dromen. Zijn naamgeving van de dieren vond weerklank in de koninklijke roeping van Salomo.[47] "God gaf Salomo wijsheid, zeer veel inzicht en groot verstand, overvloedig als het zand dat aan de oever van de zee is. [Salomo] sprak ook over de bomen, van de ceder, die op de Libanon groeit, tot de hysop, die uit de muur komt. Hij sprak ook over het vee, over de vogels, over de kruipende dieren en over de vissen. En uit alle volken kwamen er om naar de wijsheid van Salomo te luisteren, van alle koningen van de aarde die van zijn wijsheid gehoord hadden" (1 Koningen 4: 29, 32–34). Dit was slechts een portie van wat Adam bezat. Niet zonder toeval is Salomo degene die de tempel gebouwd heeft, waardoor hij Eden op een permanente basis zette zodat God permanent in Jerusalem kon wonen om zo Zijn overvloedige zegen te brengen, inclusief enorme rijkdom (1 Koningen 10).

Salomo's wijsheid, rijkdom, kracht en heerschappij geven een hint over de kracht en rijkdom waarover Adam oorspronkelijk beschikte op grond van zijn dubbele ambt. Dit wordt ook weerspiegeld in de merkwaardige passage over de koning van Tyrus zoals verteld in Ezechiël 28. Deze koning had rijkdom en macht, die herinnerde aan de oorspronkelijke toestand in Eden, verzameld.

> U, toonbeeld van volkomenheid, vol wijsheid en volmaakt van schoonheid, u was in Eden, de hof van God. Allerlei edelgesteente was uw sieraad: robijn, topaas en diamant, turkoois, onyx en jaspis, saffier, smaragd, beril en goud. Het werk van uw tamboerijnen en uw fluiten was bij u. Op

---

[47] "God bracht de vogels en landdieren naar Adam om te zien hoe hij ze zou noemen (Gen 2: 19). De interpretatieve rol van de mens zou van toenemend praktisch belang worden als instrument voor het meester worden over de aarde bij het vervullen van zijn culturele taak, want meer en meer zou de groeiende kennis van zijn wereld de sleutel zijn tot zijn macht erover. In termen van een cultureel ambt was de interpretatieve roeping van de mens een roeping tot het ambt van wijze mens-filosoof-wetenschapper. Dit was niet zozeer een ambt *an sich*, maar een aanvulling op het koningschap van de mens." Kline, *Kingdom Prologue* [Koninkrijksproloog], bl. 87–88.

de dag dat u geschapen werd, waren ze gereed. U was een cherub die zijn
vleugels beschermend uitspreidt. Daarvoor heb Ik u aangesteld. U was
op Gods heilige berg, u wandelde te midden van vurige stenen. Volmaakt
was u in uw wegen, vanaf de dag dat u geschapen werd, totdat er onge-
rechtigheid in u gevonden werd (vv. 12–15).

Dit is een opmerkelijke beschrijving, die meer informatie verstrekt
over de priesterlijke status van de bewoner van Eden. Zo zijn de edelstenen die genoemd worden dezelfde als die, die de hogepriester in de tempel versierden, terwijl de verwijzing naar de beschermende cherub de taak
van de tempelbewaking benadrukt.

Zijn val, als resultaat van de hoogmoedigheid die in hem was, wordt
ook beschreven:

Door de overvloed van uw handel vulde men uw midden met geweld, en
ging u zondigen. Daarom verbande Ik u van de berg van God, en deed Ik
u verdwijnen, beschermende cherub, uit het midden van de vurige stenen. Vanwege uw schoonheid werd uw hart hoogmoedig, u richtte uw
wijsheid te gronde vanwege uw luister. Ik wierp u ter aarde, Ik stelde u
voor koningen, opdat zij op u neer zouden zien (vv. 16–17).

Klinkt als een commerciële Adam, nietwaar? Deze passage, refererend
aan de koning van Tyrus, combineert de Edense staat met de wereldse situatie van deze handelsprins, die over de golven regeerde en heerschappij
over steden en koninkrijken uitoefende dankzij de macht afkomstig uit
rijkdom. Wat van bijzonder belang is hier, is dat Hiram, de originele koning van Tyrus in de Bijbel, een goede vriend van Salomo was en essenti-
ele diensten leverde voor de bouw van de tempel in Jerusalem. Inderdaad,
precies dit wordt in het hoofdstuk van 1 Koningen beschreven dat direct
op de hierboven geciteerde passage volgt. Het is aannemelijk dat alle verwijzingen naar de Edense zegen verwijzen naar de zegeningen die uit Hi-
rams nabijheid van de tempel voortvloeien; deze zegen voedde de groei
van Tyrus' handelsimperium waardoor het een wereldmacht werd.

Wat betekent dit alles? Onder andere dit: Adam, in de Hof van Eden,
was geen primitieve onnozele, maar een man van wijsheid, rijkdom en
kracht, die zijn roeping als koning en priester uitoefenende – koning van
de rest van de schepping, priester van de Hoogste God. En het ene voedde

het andere.

Maar met Adam's val werd het dubbele ambt verbroken. Het heerschappijmandaat werd van de tempeldienst losgekoppeld. In plaats van het beschermen van de tempel, werd Adam van de tempel weggejaagd en zijn taak werd aan de beschermcherubijnen overgedragen. Hierdoor is heerschappij over de schepping geworden tot kwestie van zwoegen in het zweet van zijn gezicht.

Adams nakomelingen voelden het verlies sterk. Dit wordt weerspiegeld in Lamech's klagende hoop wanneer zijn zoon Noach geboren wordt: "Deze zal ons troosten over ons werk en over het zwoegen van onze handen, vanwege de aardbodem, die door de Heere vervloekt is" (Gen. 5: 29). Noachs wederoprichting van het heerschappijmandaat na de Vloed gaf enige geruststelling, maar geen essentiële verandering.[48] Inderdaad, op dit moment werd de angst voor de mens in het dierenrijk gebracht, die daarvoor nog niet bestond.

Wat hierna gebeurde is van cruciaal belang om alle volgende geschiedenis te begrijpen. De mensheid besloot om te babbelen.[49]

Het antwoord van Babel

Opnieuw is ons begrip van dit keerpunt in de geschiedenis vertroebeld en afgekapt door ons gebrek aan kennis over waar de Hof van Eden om draaide. Wanneer we begrijpen dat de Hof van Eden, verre van een soort

---

[48] Dumbrell schrijft over Gen 8: 21, "God zal de grond nooit meer vervloeken zoals hij tijdens de vloed heeft gedaan. Het vers impliceert niets meer dan dat terwijl de tegenwoordige zondige houding van mensen in een herstelde wereld doorzet, God niet meer in zal grijpen. Het probleem is hier niet het verwijderen van de vervloekingen in Genesis 3:14–19. Zij blijven." *Covenant and Creation*, bl. 93.

[49] "De mensheid noemt deze geprojecteerde stad Bab-el, *de poort* – dat betekent, de voorhof – *van God*; God noemt het Babbel; want in alle talen wordt onduidelijke en verwarde taal gerepresenteerd door het produceren van de letter *b* door de lippen." Ellicott (red.), *An Old Testament Commentary for English Readers* [Een commentaar op het Oude Testament voor lezers van Engels], vol. 1, bl. 54.

kinderboerderij, de palts was, de hoofdstad van de wereld, de verblijf-
plaats van God Zelf, van waaruit de macht zich tot de nog niet veroverde,
ongetemde grens uitbreidde (wat de rest van de wereld was), dan kunnen
we ook de wens van de mensheid begrijpen om die te herwinnen.

De Hof van Eden bevond zich in bergachtig terrein, misschien boven
op een berg, en dient zo als het model voor toekomstige heilige bergen
zoals de Sinaï en Sion. Het was weelderig groen en herbergde allerlei kostbare edelstenen. Het beschikte over het goud en de balsemhars van Ha-
vila. De rivieren die de wereld van water voorzagen stroomden er door-
heen. En het had God. Dit was kracht, dit was rijkdom, dit was schoonheid.

En sinds Eden heeft de mensheid de wens gehad, terug te keren. In een
brief aan zijn zoon Christopher gaf J. R. R. Tolkien ontroerend uitdrukking aan dit gevoel:

> Zeker was er een Eden op deze zeer ongelukkige aarde. We verlangen er-
> naar, en we vangen er continue glimpen van op: onze complete natuur op
> zijn best en het minst gecorrumpeerd, op zijn zachtst en het meest hu-
> maan, is nog steeds gevuld met het gevoel van 'ballingschap'. Als je erover
> nadenkt is je (zeer terechte) afschuw over de stomme moord door de ha-
> vik, en je hardnekkige herinnering aan dit 'huis' van je in een idyllisch uur
> (wanneer er vaak een illusie van het verblijf van tijd en verval en een ge-
> voel van zachte vrede is) ... ontleend aan Eden. Zover we terug kunnen
> gaan is het nobele deel van de menselijke geest vervuld met *sibb*, vrede en
> goede wil, en met de gedachte aan het verlies daarvan. We zullen het
> nooit terugkrijgen, want dat is niet de weg van berouw die geestelijk
> werkt en niet in een gesloten cirkel; we kunnen iets dergelijks terugkrij-
> gen, maar op een hoger niveau.[50]

Beale en Kim spreken in soortgelijke zin. Door deze uitspraak van Tolkien geïnspireerd schrijven ze:

> Wij zijn wezens van verlangen. Wanneer we het object van dit verlangen
> verkeerd diagnosticeren worden we gefrustreerd en teleurgesteld. Ons
> verlangen voor relaties raakt vaak gefrustreerd in conflicten. Ons verlan-

---

[50] *The Letters of J.R.R. Tolkien* [De brieven van J. R. R. Tolkien], bl. 110.

gen voor voldoening raakt gefrustreerd in ontevredenheid. Ons verlangen voor significantie raakt gefrustreerd door onze eigen onvolkomenheden. J. R. R. Tolkien heeft de wortels van ons verlangen gediagnosticeerd... de verlangens van onze harten zijn gefrustreerd door deze ballingschap, maar dit verlangen wordt naar behoren bevredigd in de woonplaats van God die oorspronkelijk in Eden werd gevonden.[51]

Dit is het expliciete of impliciete thema van verfilmde boeken zoals *Lost Horizon* [Het Verloren Paradijs] (James Hilton, 1933) of popnummers zoals "Woodstock" (Joni Mitchell) en "Been to Canaan" (Carole King) en "Saturday in the Park" (Chicago).

Maar zoals het met deze menselijke representaties gaat, zijn ze altijd beschreven in menselijke termen. Dit is wat de mens gewenst heeft sinds zijn val en verbanning. En het is wat de toren van Babel verklaart.

De feitelijke gebeurtenis wordt in verassend weinig verzen verteld:

Heel de aarde had één taal en eendere woorden. En het gebeurde, toen zij naar het oosten trokken, dat zij een vlakte in het land Sinear vonden. Daar gingen zij wonen. En zij zeiden allen tegen elkaar: Kom, laten wij kleiblokken maken en die goed bakken! En de kleiblokken dienden hun tot steen en het asfalt diende hun tot leem. En zij zeiden: Kom, laten wij voor ons een stad bouwen, en een toren waarvan de top in de hemel reikt, en laten we voor ons een naam maken, anders worden wij over heel de aarde verspreid! (Gen. 11: 1–4).

Herinner dat deze gebeurtenis plaatsvond na de zondvloed. Daarvoor bestond Eden nog, en de mensheid kon Eden vanuit het oosten nog steeds benaderen (bijv. Gen. 4: 16); daarna was Eden verloren. Het zwaartepunt was verdwenen. Zonder dit dwaalde de mensheid in oostelijke richting en begon zich te verspreiden. Maar de meer ondernemende onder hen realiseerden zich dat ze konden proberen Eden te herwinnen wanneer ze bij elkaar bleven en samenwerkten. Ze besloten om een zelfgemaakte berg te bouwen. Op deze manier konden ze de originele conditie recreëren, maar op hun eigen voorwaarden door stenen te gebruiken

---

[51] *God Dwells Among Us* [God woont bij ons], bl. 17.

die ze zelf maakten; door hun eigen inspanningen zouden ze zich een weg banen richting Gods aanwezigheid om zo Zijn zegen te verkrijgen. Jezus zou later over deze manier van denken spreken: "En van de dagen van Johannes de Doper af tot nu toe wordt het Koninkrijk der hemelen geweld aangedaan, en geweldenaars grijpen het" (Mattheüs 11: 12). En op deze manier wilden ze naam maken, want omdat ze op eigen houtje hadden gehandeld, wachtten ze niet langer meer op de naam van de Heer. "Ik ben gekomen in de Naam van Mijn Vader, maar u neemt Mij niet aan. Als een ander komt, in zijn eigen naam, die zult u aannemen." (Johannes 5: 43). Zoals Alexander het zegt, "wat we hier hebben is een verklaring in welke alle door God gegeven capaciteiten van mensen bewust gebruikt worden om een samenleving te creëren waar God overbodig is. Vertrouwend in hun eigen kunnen om iedere uitdaging aan te kunnen, zien de inwoners van deze stad de Schepper als irrelevant."[52]

Het resultaat van dit streven was niet het herwinnen van Eden, maar de verwarring van talen, de formatie van afzonderlijke naties, en de vijandigheid van naties jegens elkaar. En het veroorzaakte nog een andere gedenkwaardige ontwikkeling – afgodendienst en de aanbidding van de natuur. Want het is vanaf deze tijd dat we daarvan horen. Blijkbaar kwam met de verwarring van taal ook de verwarring van de geest. "Want zij hebben, hoewel zij God kennen, Hem niet als God verheerlijkt of gedankt, maar zij zijn verdwaasd in hun overwegingen en hun onverstandig hart is verduisterd." Dit resultaat was een omkering van Schepper en schepsel: "Terwijl zij zich uitgaven voor wijzen, zijn zij dwaas geworden, en hebben zij de heerlijkheid van de onvergankelijke God vervangen door een beeld dat lijkt op een vergankelijk mens, op vogels en op viervoetige en kruipende dieren" (Romeinen 1: 21–23).

De poging van de mens om het verloren gegane Adamische priesterschap te herstellen werd terugbetaald door hem toe te staan priesterschappen op te richten in dienst van "vogels en viervoetige dieren en kruipende schepsels." Niet langer kon de mens God naar behoren vertegenwoordigen. Hij begon beelden te maken en te aanbidden, afbeeldingen van de dingen waarover hij geacht werd te heersen: "U zult voor uzelf geen beeld maken, geen enkele afbeelding van wat boven in de hemel, of

---

[52] *From Eden to the New Jerusalem* [Van Eden naar het nieuwe Jeruzalem], bl. 28.

beneden op de aarde of in het water onder de aarde is. U zult zich daarvoor niet neerbuigen, en die niet dienen" (Exodus 20: 4–5).[53] Het verlies van heerschappij vertaalde zich in het dienen van dat, waar hij meester over zou moeten zijn.

Hoeveel van het milieuactivisme is slechts een geactualiseerde versie van ditzelfde fenomeen?

De tijd was nu aangebroken waar Paulus in Handelingen 14 over sprak: "Ook wij zijn mensen net zoals u, en wij verkondigen u juist dat u zich van deze zinloze dingen moet bekeren tot de levende God, Die de hemel, de aarde, de zee en alles wat erin is, gemaakt heeft. Hij heeft in de tijden die achter ons liggen al de heidenen hun eigen wegen laten gaan" (vv. 15–16).

En er zouden nog toegiften van dezelfde Babelische agenda komen, toen naties veroverend opstonden om te veroveren, hegemoniale rijken vestigden, in de veronderstelling de gehele wereld onder één leider te verenigen. Zoals verwacht, was het Babylon dat in deze inspanning opviel – Babylon is in feite hetzelfde woord als Babel. Jesaja documenteerde de Babylonische poging om de wereld te regeren, een nieuwe toren van Babel die tot aan de hemel reikte om uiteindelijk te worden neergehaald:

> Hoe bent u uit de hemel gevallen,
> morgenster, zoon van de dageraad!
> U ligt geveld op de aarde,
> overwinnaar over de heidenvolken!

---

[53] Het woord dat hier met "dienen" vertaald is, is afgeleid van *ʿāḇaḏ,* dat we ook in Gen. 2: 15 gevonden hebben (zie bl. 10 hierboven). Christelijke milieuactivisten vertellen ons dat we op basis van Gen. 2: 15 de schepping *moeten* dienen: "In de ogen van God is degene die heerst degene die dient. Dus mensen zijn geroepen om over de schepping te heersen en het te onderwerpen door haar te dienen. In feite kan het Hebreeuwse zinsdeel van Genesis 2:15 dat normaal met 'bewerken en onderhouden' vertaald wordt, ook net zo nauwkeurig met 'dienen en behouden' vertaald worden." (Van Dyke e.a., *Redeeming Creation*, bl. 93). Maar Ex. 20: 5 bewaart deze dienst voor God; het verbiedt uitdrukkelijk dat het aan dieren gegeven wordt.

En ú zei in uw hart:
Ik zal opstijgen naar de hemel;
tot boven Gods sterren
zal ik mijn troon verheffen,
ik zal zetelen op de berg van de ontmoeting
aan de noordzijde.
Ik zal opstijgen boven de wolkenhoogten,
ik zal mij gelijkstellen met de Allerhoogste.
Echter, u bent in het rijk van de dood neergestort,
in het diepst van de kuil
Wie u zien, kijken u aan
en letten op u:
Is dit nu die man die de aarde deed sidderen,
die koninkrijken deed beven,
die van de wereld een woestijn maakte,
haar steden met de grond gelijkmaakte,
zijn gevangenen niet losliet om naar huis te gaan? (14: 12–17)

Het is een terugkerend thema in de Schrift en in de geschiedenis, die culmineert in de visie van Geheimenis Babylon in het boek Openbaring (vgl. 17: 5).

Dit was één agenda die de mensheid volgde. Maar er was een andere, door God zelf geïnitieerd, precies als antwoord op het Babelverhaal.

Het antwoord van Abraham

En Terah nam Abram, zijn zoon, en Lot, zijn kleinzoon, de zoon van Haran, en Sarai, zijn schoondochter, de vrouw van zijn zoon Abram, en zij trokken met hen uit Ur van de Chaldeeën om naar het land Kanaän te gaan; en zij kwamen tot Haran en bleven daar wonen... De HEERE nu zei tegen Abram: Gaat u uit uw land, uit uw familiekring en uit het huis van uw vader, naar het land dat Ik u wijzen zal. Ik zal u tot een groot volk maken, u zegenen en uw naam groot maken; en u zult tot een zegen zijn. Ik zal zegenen wie u zegenen, en wie u vervloekt, zal Ik vervloeken; en in u zullen alle geslachten van de aardbodem gezegend worden (Gen. 11: 31, 12: 1–3)

God riep Abram vanuit Babylon, het land van de Chaldeeën, in een nieuw land dat net zoals Eden zou overvloeien van melk en honing; Hij zou hem tot een grote natie maken; Hij zou zijn naam groot maken; Hij zou hem zegenen, en door hem zegening de wereld in sturen. Punt voor punt antwoordde Hij de bouwers van de toren, en Hij bereidde de echte terugkeer naar Eden in Abram voor. "De weg van Haran naar het land van Kanaän symboliseert de terugkeer van de mensheid naar Eden en naar God. Abraham en het beloofde land zijn de tegenpool en het antwoord op Adam en de Hof van Eden."[54]

Deze tabel beeldt de autonome God-afwijzende agenda af die door de torenbouwers gevolgd wordt, in vergelijking met de responsieve God-gewilde agenda die door Abram gevolgd wordt.

Toren van Babel	Roeping van Abraham
"En het gebeurde, toen zij naar het oosten trokken, dat zij een vlakte in het land Sinear vonden. Daar gingen zij wonen"	"Gaat u uit uw land naar het land dat Ik u wijzen zal."
"Kom, laten wij voor ons een stad bouwen"	"Ik zal u tot een groot volk maken"
"en een toren waarvan de top in de hemel reikt"	"en ik zal u zegenen"
"en laten we voor ons een naam maken"	"en uw naam groot maken"

Ter vervulling van de belofte van Gen. 1–2 bestond de verbondsrelatie die door God met Abram, die binnenkort de naam Abraham zou krijgen ("vader van vele naties," Gen 17: 5), uit 1) land ("vervul de aarde"), 2) nageslacht ("wees vruchtbaar, word talrijk"), en 3) de aanwezigheid van God. "De belofte, hoewel herhaald en uitgebreid door de patriarchale verhalen, bestaat uit drie basiselementen…: nakomelingen, de relatie met God en het land."[55]

Abram ontving "onafhankelijke" bevestiging van deze belofte door de interventie van een mysterieuze persoon die ten tonele verschijnt en dan

---

[54] Och, "Creation and Redemption" [Schepping en verlossing], bl. 233.
[55] Dyrness, *Let the Earth Rejoice* [Laat de aarde zich verheugen], bl. 49.

verdwijnt – Melchizedek, "koning der rechtvaardigheid" (Gen. 14: 18–20). Deze koning woonde in Salem, de locatie van het latere Jerusalem, om welke reden de auteur van het boek Hebreeën hem "koning van vrede" noemt: Salem betekent vrede ("shalom"). Wat interessant is aan Melchizedek, is dat hij ook "priester van de Allerhoogste God" was. Dus, voor de eerste en enige keer voor de komst van Jezus Christus (die Zelf priester was "naar de ordening van Melchizedek," Psalm 110; Hebreeën 5, 7), ontmoeten we hier een persoon die het dubbele ambt van priester en koning bekleedt. Melchizedek is dus een terugblik naar Adam zelf; hij maakt zijn opwachting om Abram te zegenen en, via de bedeling van Noach, continuïteit te bewerkstelligen met de originele roeping van Adam.

Israël, de natie die van Abraham afstamde, erfde dit alles en bracht het in de praktijk, begunstigd door de aanwezigheid van God in de tabernakel en vervolgens in de tempel. Israël ontving zijn statuten en verordeningen, regelde het nationale leven in termen van Zijn wil, en verkreeg Zijn overvloedige zegen.

HET EFFECT OP DE NATUUR

Niets van dit alles liet de natuur onaangetast. Om te beginnen werden bepalingen voor de behandeling van de natuurlijke wereld in de wetten opgenomen die God aan Mozes en de Israëlieten gegeven heeft.

De Bijbelse wetgeving over de behandeling van dieren

Verschillende wetten beschrijven de behandeling van dieren. De sabbat gaf niet alleen mensen maar ook vee rust (Ex. 20: 10), terwijl het sabbatsjaar rust gaf aan het land, zodat zowel gedomesticeerde als wilde dieren konden eten van hetgeen dat er dat jaar op groeide (Ex. 23: 11; Lev. 25: 2 e.v.). De muilezel die onder zijn lading bezwijkt moet geholpen worden, zelfs wanneer het de muilezel van de vijand is (Ex. 23: 5; Deut. 22: 4). Een os of een schaap mag niet samen met haar nageslacht worden geslacht (Lev. 22: 28), noch mag een jonge geit in zijn moeders melk gekookt worden (Ex. 23: 19, 34: 26; Deut. 14: 21).

Deze wetten hebben een duidelijke symbolische, ethische betekenis: ze zijn bedoeld om ethische bevelen jegens de naaste te illustreren en daarmee te benadrukken. In het geval van sabbatsrust is het duidelijk dat vee niet kon werken als mensen niet mochten werken – het een houdt het andere in. Op dezelfde manier is de rust die aan het land gegeven wordt tijdens het Sabbatsjaar ook rust aan de mensen, die anders het land zouden moeten bewerken. De hulp gegeven aan een muilezel die onder zijn lading bezwijkt is een dienst aan zijn eigenaar, iemands buurman, zelfs wanneer hij een vijand kan zijn, en illustreert daarmee het gebod in Spreuken 25: 21 (dat in Rom. 12: 20 herhaald wordt) om de vijand te voorzien van eten en drinken. Het gebod om ouder en kind niet samen te slachten, noch om kroost in moedermelk te koken, bevat het voorschrift om moeder en vader te eren door de band tussen ouder en kind te respecteren.

Eén tekst over de behandeling van dieren verdient extra aandacht. Die is al genoemd (zie bl. 1): "Een rund mag u niet muilkorven als hij aan het dorsen is" (Deut. 25: 4). De betekenis lijkt duidelijk – het moet toegestaan zijn om het rund, dat werkt om graan te oogsten, beloond moet worden met het product van zijn arbeid, en dat het niet gemuilkorfd mag worden om dit te voorkomen. Een wet die de correcte behandeling van dieren door mensen als doel heeft.

Of zo zouden we denken, ware het niet voor de apostel Paulus. Hij citeert dit exacte vers in zijn eerste brief aan de Korintiërs. "Want in de wet van Mozes staat geschreven: U mag een dorsende os niet muilbanden. Bekommert God Zich alleen maar om de ossen? Of zegt Hij dit vooral om ons? Jawel, om ons is geschreven dat wie ploegt, in hoop hoort te ploegen, en dat wie in hoop dorst, het deel waarop hij hoopt, hoort te krijgen. Als wij bij u het geestelijke gezaaid hebben, is het dan te veel als wij van u het stoffelijke oogsten?" (1 Kor. 9: 9–11).

Wat moeten wij hiermee? Ten eerste bewijst het het punt dat boven gemaakt is, dat de geboden voor de behandeling van dieren niet alleen omwille van dieren gegeven is, maar vooral ook om een belangrijkere les te leren over de behandeling van onze naaste. "Ja, ook de haren van uw hoofd zijn alle geteld. Wees dan niet bevreesd: u gaat veel musjes te boven" (Lukas 12: 7). Ten tweede leert het dat de dieren die onderwerp van deze wetten waren, en in het verlengde daarvan de natuurlijke wereld, geen doelen op zich zijn om behandeld te worden als een Kantiaans *Reich der Zwecke;* ze zijn door God als middel tot een doel gegeven, het onderhoud van de menselijke samenleving. De menselijke samenleving is gebouwd op de natuurlijke wereld, die er juist is om de menselijke samenleving te laten overleven en bloeien.

Dit is het resultaat van Breiers observatie dat "dieren in de oudheid vooral in relatie tot eigendomsrecht verschijnen. Deze regulaties – ontworpen om de bezittingen van een individu te beschermen – vormden het hart van de wetboeken in het nabije oosten in de oudheid."[56] Als zodanig vallen zij onder het regime van Bijbels rentmeesterschap. Hoe ziet Bijbels rentmeesterschap er dan uit? Dat zien we in de volgende secties.

Van wildernis naar tuin

Bloeiende natuur zou het resultaat zijn wanneer de mensheid, net zoals Israël, zich aan Gods wetten zou houden, want dan zou Hij in hun midden wonen wat in een welvarende overvloed zou resulteren – niet al-

---

[56] Breier, "Animals in Biblical Law and Ancient Near Eastern Law" [Dieren in Bijbels recht en het recht uit het Oude Nabije Oosten], bl. 167.

leen voor de menselijke samenleving maar ook voor de natuurlijke wereld.

Gods aanwezigheid is de sleutel. Als we echt een bloeiende, overvloedige, welvarende wereld van natuur wensen, moeten we Zijn tempel in ons midden oprichten met de menselijke samenleving eromheen. Dan zal ook de natuur zich verheugen: "Want in blijdschap zult u uittrekken en met vrede voortgeleid worden. De bergen en de heuvels zullen voor uw ogen uitbreken in gejuich en alle bomen van het veld zullen in de handen klappen" (Jesaja 55: 12). *Er is geen andere manier.* En waarom zou er een andere zijn? "God met ons" is het doel van de geschiedenis.

We hebben al gezien hoe dit in Lev. 26 beloofd werd. Veel andere verzen bevatten dezelfde belofte. Bijvoorbeeld Jesaja hfdst. 35:

De woestijn zal zich verheugen,
de dorre vlakte vrolijk zijn,
de wildernis zal jubelen en bloeien,
als een lelie welig bloeien,
jubelen en juichen van vreugde.
De woestijn tooit zich met de luister van de Libanon,
met de schoonheid van de Karmel en de Saron.
Men aanschouwt de luister van de HEER,
de schoonheid van onze God.
[...]
Dan worden blinden de ogen geopend,
de oren van doven worden ontsloten.
Verlamden zullen springen als herten,
de mond van stommen zal jubelen:
waterstromen zullen de woestijn splijten,
beken de dorre vlakte doorsnijden.
Het verzengde land wordt een waterplas,
dorstige grond wordt waterrijk gebied;
waar eenmaal jakhalzen huisden,
maakt dor gras plaats voor riet en biezen.
Daar zal een gebaande weg lopen,
'Heilige weg' genaamd,
geen onreine zal die betreden.

Over die weg zullen zij gaan,
maar dwazen zijn er niet te vinden.
Geen leeuw of roofdier zal daar komen,
geen enkel wild dier dwaalt er rond,
ze blijven er allemaal weg,
alleen zij die verlost zijn zullen daar gaan.
Wie door de HEER bevrijd zijn, keren terug.
Jubelend komen zij naar Sion,
gekroond met eeuwige vreugde.
Gejuich en vreugde trekken de stad binnen,
gejammer en verdriet vluchten eruit weg (Studiebijbel in Perspectief).

Ook hier valt op dat wildernis met de tuin moet worden vervangen. Maar het is niet zomaar een tuin. Het is de Hof *van Eden*, dus in feite de plaats van Gods aanwezigheid. Als zodanig is het Gods aanwezigheid, niet simpele bloemstukken, die hier in beeld zijn. En ondanks de visioenen van romantische milieuactivisten houdt dit het vervangen van wildernis in, inclusief wilde dieren.

Het is in deze context leerzaam om te kijken naar een reeks bepalingen in de Bijbel over het dierenrijk die in het kader van de zorg voor de omgeving nauwelijks aan de orde komen, en dat zijn de bepalingen over reine en onreine dieren.[57] Deze bepalingen staan in Leviticus 11 en Deuteronomium 14 geschetst.

Een paar interessante punten over deze goddelijke classificatie:

- Slechts enkele dieren zijn rein, en van deze zijn slechts enkele geschikt om God te benaderen (als offer).
- Wilde dieren zijn over het algemeen onrein, en nooit geschikt om God te benaderen.
- Als zodanig zijn alleen gedomesticeerde dieren waardig genoeg om in Gods aanwezigheid te brengen.

Nu dan, als de onaangetaste natuur ongerept en in harmonieus evenwicht met zichzelf is, waarom kunnen dan alleen dieren die onder de

---

[57] De enige uitzondering die ik ben tegengekomen is het essay "To Serve and to Keep" [Dienen en onderhouden] van Block, dat Leviticus en Deuteronomium met betrekking tot de classificatie van dieren samenvat, zonder de rein/onrein onderscheiding uit te leggen, noch er conclusies uit te trekken.

heerschappij van de mens gebracht zijn gebruikt worden als offergaven? Zou deze eer niet de ongerepte toekomen? En waarom refereert de Bijbel (Leviticus 7, 11; Deuteronomium 14) aan zoveel dieren als afschuwelijk en verfoeilijk (*šeqeṣ, tô'ēḇâ*)?

Blijkbaar is ongerept zijn geen passende karakterisering. Want in tegenstelling tot wat velen denken, heeft de Bijbel geen romantische kijk op wildheid of wildernis. Integendeel, het schildert wildernis eerst als een toestand van vloek, en vervolgens ook als Gods instrument voor oordeel dat tot herstel leidt.

De roep van de wildernis

Dit zou niet moeten verbazen, gezien het begrip van de schepping dat we in de voorgaande discussie gekregen hebben. Wildernis, de natuurlijke wereld buiten Eden om, is "onderworpen aan de zinloosheid" en in "slavernij van de corruptie" en kan zodoende het koninkrijk van God niet beërven. Het heeft verlossing nodig, dat uiteindelijk door de wederopstanding van het lichaam zal komen. In de tussentijd moet het omgevormd worden om ruimte voor menselijke nederzettingen te maken. Deze nederzettingen moeten rond de tempel, de woonplaats van God, verschijnen.

Dit is, zoals we hebben gezien, de boodschap van Leviticus 26. Daar wordt wildernis ingeperkt ten gunste van landbouw en weidegang, en keert alleen terug wanneer God het gebruikt om een ongelovig volk te straffen. Maar nader bekeken markeert wildernis de gehele historie van Israël. De eerste exodus weg van Egypte betekende de toetreding in de wildernis waar God Israëls trouw beproefde. Van hun kant begonnen de Israëlieten hun sterke mening te uiten dat zij liever in Egypte waren gebleven dan naar dit land te worden geleid. Mauser beschrijft het innerlijke conflict: "De constituerende elementen van Israëls geloof en leven zijn geworteld in de wildernistraditie. En toch is er nog een ander element in dezelfde traditie dat een schril contrast met deze heilzame gebeurtenissen vormt – het klagen van het volk onderweg.... In de loop van het lange verblijf zijn er inderdaad veel redenen waarom Jahwes bevel om Egypte te verlaten door de dwalers als een ondraaglijke last wordt ervaren."[58] En Mauser maakt een treffende observatie over het incident met het gouden kalf: "De stier of het kalf, de centrale afbeelding van Kanaänitische aanbidding van vruchtbaarheid, is de representatie van de zegeningen van de natuur in een land van landbouw. Bij de aanbidding van vruchtbaarheidsgoden horen openbare feesten en seksuele orgies, een kenmerk weergegeven in Ex. 32:6. Simpel gezegd zijn de Israëlieten moe van het leven in de woestijn; ze verlangen naar overvloedig eten en genot."[59] Het is een gevestigd, agrarisch leven waar de Israëlieten naar verlangden; in deze wilderniservaring hadden ze er absoluut geen interesse.

Het ultimatum van tuin-door-geloof tegenover wildernis-door-ongeloof wordt krachtig door Moses in Deuteronomium hfdst. 8 gesteld:

> U moet alle geboden die ik u heden gebied, nauwlettend in acht nemen, opdat u leeft, talrijk wordt en het land dat de HEERE uw vaderen onder ede beloofd heeft, binnengaat en in bezit neemt. Ook moet u heel de weg in gedachten houden waarop de HEERE, uw God, u deze veertig jaar in de woestijn geleid heeft, opdat Hij u zou verootmoedigen, en u op de proef zou stellen om te weten wat er in uw hart was, of u Zijn geboden in acht zou nemen of niet. Hij verootmoedigde u, Hij liet u hongerlijden en Hij liet u het manna eten, dat u niet kende en ook uw vaderen niet gekend hadden, om u te laten weten dat de mens niet alleen van brood leeft, maar dat de mens leeft van alles wat uit de mond van de HEERE komt. De kleren die u droeg zijn niet versleten en uw voet raakte niet opgezwollen in deze veertig jaar. Weet dan in uw hart dat de HEERE, uw God, u gehoorzaamheid bijbrengt zoals een man zijn zoon gehoorzaamheid bijbrengt, en neem de geboden van de HEERE, uw God, in acht door in Zijn wegen te gaan en door Hem te vrezen. Want de HEERE, uw God, brengt u in een goed land: een land met waterbeken, bronnen en diepe wateren, die ontspringen in het dal en op het gebergte; een land met tarwe en gerst, wijnstokken, vijgenbomen en granaatappels; een land met olierijke olijfbomen en honing; een land waarin u zonder schaarste brood zult eten, waarin het u aan niets ontbreken zal; een land waarvan de stenen ijzer zijn, en waarin u uit zijn bergen koper kunt hakken. Als u dan gegeten

---

[58] Mauser, *Christ in the Wilderness* [Christus in de wildernis], bl. 29.

[59] Mauser, *Christ in the Wilderness*, bl. 31.

hebt en verzadigd bent, loof dan de HEERE, uw God, voor het goede land dat Hij u gegeven heeft (1-10).

De wilderniservaring wordt als een testperiode beschreven, een nodige stap om Israël voor te bereiden op haar roeping als volk en dienares van God. De succesvolle voltooiing van de test zou in de vervulling van het heerschappijmandaat van Gen. 1 monden. En de eerstelingen zouden aan God terug worden gegeven, als blijk van dank voor Zijn zegen (vgl. Leviticus 23: 9–22).

Maar eigenzinnige trots en ongehoorzaamheid zouden met de terugkeer naar de "grote en vreselijke woestijn" geconfronteerd worden:

Wees op uw hoede dat u de HEERE, uw God, niet vergeet, en daardoor Zijn geboden, Zijn bepalingen en Zijn verordeningen, die ik u heden gebied, niet in acht neemt. Wanneer u eet, verzadigd wordt, goede huizen bouwt en daarin woont, uw runderen en uw kleinvee talrijk worden en ook uw zilver en goud toeneemt, ja, alles wat u hebt, talrijk wordt, pas ervoor op dat uw hart zich dan niet verheft en u de HEERE, uw God, vergeet, Die u uit het land Egypte, uit het slavenhuis, geleid heeft; Die u geleid heeft in die grote en vreselijke woestijn, met gifslangen, schorpioenen en droogte, waar geen water was; Die uit hard gesteente water voor u liet komen, Die u in de woestijn het manna liet eten, dat uw vaderen niet gekend hadden, opdat Hij u zou verootmoedigen en u op de proef zou stellen, om u uiteindelijk wel te doen; en dat u dan niet in uw hart zegt: Mijn eigen kracht en de macht van míjn hand heeft dit vermogen voor mij verworven. Maar u moet de HEERE, uw God, in gedachten houden, dat Hij het is Die u kracht geeft om vermogen te verwerven, opdat Hij Zijn verbond zou bevestigen, dat Hij onder ede met uw vaderen gesloten heeft, zoals het op deze dag nog is. Als het echter gebeurt dat u de HEERE, uw God, helemaal vergeet, achter andere goden aan gaat, hen dient en u voor hen neerbuigt, dan verzeker ik u heden dat u zeker zult omkomen. Zoals de heidenen die de HEERE van voor uw ogen uitgeroeid heeft, zo zult u dan ook zelf omkomen, omdat u de stem van de HEERE, uw God, niet gehoorzaam bent geweest (11-20).

Dit is een bondige beoordeling van de situatie. De Israëlieten worden

eraan herinnerd dat ze door gehoorzaamheid zullen leven en talrijk worden en het land zullen bezitten, in de vervulling van het heerschappijmandaat. De wilderniservaring was voor hun eigen bestwil, om hun harten aan henzelf te onthullen. En door de wildernis achter zich te laten en
het beloofde land in te gaan, een land dat in alle opzichten een herstel van
Eden was, konden ze de volheid van de verbondszegen binnentreden, een
toestand die door overvloedige landbouwopbrengst gekenmerkt werd,
waardoor ze rijk zouden worden. Maar ze zouden dan ook hun harten
moeten bewaken om ze tegen de zonde van de torenbouwers, van de koning van Tyrus en van de koning van Babylon te beschermen – de trots
die zegt dat wat ze hebben van henzelf is en niet van God, die de kracht
geeft om rijkdom te verkrijgen. Want het land zelf zal op die trots reage-
ren door de inwoners uit te spuwen (vgl. Lev. 18: 25, 28) en zo terugkeren
naar de wildernis (vgl. Lev. 26: 22, 32, 34–35, 43).

BIJBELS RENTMEESTERSCHAP IN DE GESCHIEDENIS

Wat moeten we dan met het concept van rentmeesterschap? Afgaand op wat de Bijbel ons vertelt hebben we enkele basiscategorieën tot welke we ons moeten beperken om trouw aan Gods Woord te blijven.

De basiscategorieën zijn deze: het land moet rondom de tempel van God bewoond en ontwikkeld worden; dit moet gedaan worden op basis van familie en eigendom; en de eerstelingen van dit ontwikkelen moeten aan God geofferd worden. Dit is dus de échte circulaire economie, waarbij we "economie" als de uitoefening van *oikonomia*, of rentmeesterschap zoals in de Schrift uiteengezet, begrijpen.

Wat is de tempel van God? De tempel van Salomo is vernietigd door de Babyloniërs. De zogenaamde tweede tempel werd gebouwd na de terugkeer van de Israëlieten van de Babylonische ballingschap. Het was deze tempel waar Jezus over zei, "Breek deze tempel af en in drie dagen zal Ik hem laten herrijzen" (Johannes 2: 19). En dit gebeurde inderdaad. De tempel werd fysiek door de Romeinen vernietigd, maar het was al spiritueel door de Joden vernietigd, die de tempel, die bedoeld was als een huis van aanbidding voor alle volkeren, tot een rovershol gemaakt hadden (Mattheüs 21: 13; Lukas 19: 46; vgl. Jesaja 56: 7, Jeremia 7: 11).

De tempel waarover Jezus sprak toen Hij zei dat Hij hem in drie dagen zou laten herrijzen, was de tempel van Zijn lichaam (Johannes 2: 21). En zoals we weten van onder andere Paulus' eerste brief aan de Korintiërs is het lichaam van Christus de kerk, gelovigen zowel individueel als gemeenschappelijk (3: 16; 6: 16, 19). De nieuwe tijd is de tijd waarin deze tempel, de kerk, zich door de wereld verspreidt, waardoor de verstrooiing door de spraakverwarring in Babel wordt omgekeerd. In principe is dit al tijdens Pinksteren gebeurd, toen de Heilige Geest de taalbarrière overwon. Hierdoor werd de tempel tot bezit van niet alleen de Joden maar van alle naties.

Dus het is rondom deze tempel, de kerk, dat de nieuwe cultuur wordt gebouwd, een cultuur waarin de zegening van God, afkomstig van Zijn aanwezigheid, wordt verspreid.

De geschiedenis van de Westerse samenleving is door deze nieuwe realiteit getekend. De samenstellende elementen die de Westerse samenleving zouden vormen werden erdoor getransformeerd. Laten we enkele elementen van dat proces onder de loep nemen.

De onderbouw van de westerse samenleving

In een tijd toen de beschaving zoals zij die kenden om hen wegviel, deden Romeinse christenen wat ze wisten dat ze moesten doen. Ze verzamelden de elementen van hun cultuur die voor haar overleving cruciaal waren en borgen haar in hun Ark van het Verbond op. Deze ark was het klooster.

Het kloosterleven was veel meer dan een simpele vlucht van de wereld.[60] Het was een vlucht naar een nieuwe beschaving. Het duidde een complete breuk aan met een beschaving die rond de natuurlijke mens was gebouwd. Het was de belichaming van het levende offer, aanvaardbaar voor God: een afkeer van de wereld, het vlees, en de Duivel, waarop de Stad van de Mens was gebouwd; een wereld die gekruisigd en begraven moest worden voordat het opgewekt kon worden.

Het was Augustinus die menselijk gesproken het fundament voor deze inspanning legde. Hij realiseerde beter dan wie dan ook dat de natuurlijke mens moest sterven en als nieuwe mens moest opstaan door de opwekkingskracht van Christus. En toch begreep hij dat het niet de schepping zelf, noch de culturele inspanningen van de mens waren, die kwaadaardig waren, maar de kwaadaardige wil waarmee zij doordrenkt waren. De mens en zijn werken moesten gezuiverd worden, niet geëlimineerd. Deze zuivering zou zich als redding bewijzen; de Romeinse beschaving zou voortleven omdat ze eerst zou sterven, zoals ze in deze man gedaan had, deze vooraanstaande Romein.

Augustinus' houding richting cultuur was daarom significant ondubbelzinnig. De erfenis van de klassieke beschaving kon het spirituele doel van de mens dienen als het naar behoren ondergeschikt aan dat spirituele doel gemaakt zou kunnen worden. De kroon van de klassieke beschaving

---

[60] Dit weerlegt de these van Rod Dreher's populaire boek *The Benedict Option* [De Benedict-optie] (New York: Sentinel, 2017), die desondanks de moderne kerk goede raad geeft. De benedictijnse monastiek trok zich niet uit de wereld terug, maar veroverde haar, zoals we zullen zien.

werd door de *artes liberales*, de Vrije Kunsten, gevormd – letterlijk, de kunsten van vrijheid. Echte vrijheid, zoals Augustinus maar al te goed wist, kwam alleen in een bevrijding van de slavernij aan de zonde en het vlees. Door deze erfenis van vrijheid in termen van de vrijheid waarin Christus de mensen vrijmaakt te herformuleren (vgl. Efeziërs 5: 1), zou deze hele beschaving nieuw leven kunnen krijgen.

Het proces van assimilatie van de klassieke cultuur in de nieuwe beschaving vond in het klooster plaats. De beschaving die in naam christelijk was geworden maar ten diepste heidens bleef, werd gedoopt. Het klooster reconstrueerde de materiële wereld in de context van de spirituele wereld; het plaatste de sleutels van Gods koninkrijk in het centrum van het aardse leven. De liturgie was zijn bloed, en van dit leven vloeide de kracht om te zuiveren, te vernieuwen en om het leven van deze dode beschaving te herstellen.[61]

Cassiodorus, een Romein die 40 jaar van zijn leven in dienst van de Gotische koning Theodorik, die over het westerse fragment van het imperium regeerde, heeft geleefd, spendeerde het laatste deel van zijn leven met het verzamelen en bewaren van de klassiekers, zowel christelijk als heidens, van zijn stervende wereld. Hij heeft zijn patrimoniale landgoed tot klooster gemaakt, om geestelijk gezinde broeders en zusters samen te brengen in dit dood-naar-levenproject. Hij gaf hen de opdracht om manuscripten die hun samenleving belichaamde over te schrijven. Cassiodorus' innovatie startte de monastieke traditie waardoor het klassiek christelijke erfgoed aan nieuwe tijden en nieuwe rentmeesters werd overgedragen.

Cassiodorus' tijdgenoot Benedictus ontwierp de regel waardoor de Westerse monastiek voortaan geregeerd zou worden. De Regel van Benedictus, gekenmerkt door de leus *ora et labora* [bid en werk], bevatte het Romeinse genie voor discipline, orde, organisatie en praktijkgerichtheid. De Regel was een regel voor een normaal en sociaal leven in plaats van een leven in isolatie. Eerlijke arbeid werd als een van de pijlers van de routine van een monnik opgericht. En in vergelijking met andere monastieke

---

[61] In zijn boek *Liturgie* benoemt Noordmans vele contactpunten tussen katholieke en gereformeerde liturgie, aangezien beide voortkomen uit de Westerse, Romeinse, Augustiniaanse kerk.

regels was hij relatief flexibel en mild.

Benedictus plaatste aanbidding – het zingen van Psalmen, het prediken van het Woord van God en de viering van het sacrament – in het centrum van het monastieke leven. Het complete Psalter werd iedere week doorgenomen; het grootste gedeelte van de Bijbel werd ieder jaar hardop voorgelezen.[62] Er was verplicht tijd gereserveerd voor lezen en studeren, het doorgeven van de geheiligde wijsheid en cultuur van het verleden; het was ook verplicht om te werken in het veld of in de keuken, taken die essentieel voor het onderhoud van het klooster waren. Werken was noodzakelijk; ijver was goed voor de ziel, ledigheid de werkplaats van de Duivel.

De Regel belichaamde de soort rigide discipline die de tijden vereisten. Ieder aspect van het leven werd gereguleerd; orders werden zonder vragen opgevolgd. Op deze manier moest de koppige en moedwillige menselijke natuur ter dood gebracht worden waardoor een nederige en onderdanige geest overbleef, geoefend in geduld en verdraagzaamheid. Lidmaatschap in de monastieke orde werd onder ede vastgesteld naar het model van de Romeinse legioenen: dit waren spirituele strijders, gesmeed tot een gedisciplineerde gevechtsmachine.

De kloosters waren de buitenposten van beschaving in een barbaarse wereld. De wereld van de leken, van materiële cultuur groepeerde zich om hen heen en gaf de beschaving-in-wording een nieuw zwaartepunt. De aanwezigheid van een klooster heiligde het omliggende platteland en gaf spirituele veiligheid aan een wereld vol angst voor zwervende duivels. Pu-

---

[62] "In het centrum van iedere voorwaarde van de Regel is een dagelijkse ronde van hemelse dienst voorgeschreven. Voor de tijd waarin de Regel geschreven was waren de regulaties voor deze corporatieve handelingen van aanbidding opvallend zorgvuldig en ondubbelzinnig. Het hele systeem is op twee Bijbelse pilaren gebouwd: 'midden in de nacht sta ik op om U te loven' en 'ik loof u zevenmaal op een dag' – vandaar de lange nachtstonde, en de zeven dagstonden lauden, priem, ters, sext, none, vespers, en completen. De algemene structuur en psalmenzang zijn duidelijk vastgesteld om de wekelijkse recitatie van het gehele psalter en de jaarlijkse lezing (veel minder duidelijk aangegeven) van het gros van de Bijbel te waarborgen." R.W. Southern, *Western Society and the Church in the Middle Ages* [Westerse samenleving en de kerk in de middeleeuwen], bl. 221.

blieke orde werd op een nieuwe spirituele basis gebouwd, gezuiverd van het demonische. Denk aan het belang dat tijdgenoten toekenden aan een pas opgerichte abdij:

> De abt is bewapend met spirituele wapens en ondersteund door een groep monniken gezalfd met de dauw van hemelse gratie. Ze vechten samen in de kracht van Christus met het zwaard van de geest tegen de etherisch listen van de duivels. Ze verdedigen de koning en geestelijken van het rijk tegen de aanvallen van hun onzichtbare vijanden.[63]

De monniken van de vroege middeleeuwen leefden en predikten een wereld-en-leven-visie die haaks op de heersende barbaarse cultuur stond, een visie waar die cultuur door gefascineerd en uiteindelijk door veroverd werd. Monastieke discipline en vroomheid dienden om de eisen van het evangelie te demonstreren richting een cultuur die niets buiten bloed en eer kende. Het afstand nemen van de dingen die de samenleving het meest waardeerde – territorium, verwantschap, dapperheid – resulteerde in de ontwikkeling van een vroomheid onder leken en een ethiek die deze dingen een juiste rol gaf. Neem bijvoorbeeld het ideaal van het celibaat en het afstand doen van de "gezinswaarden" van de tijd, de waarden van een clansamenleving, die de transformatie van de familie teweegbracht. Het resulteerde in de opkomst van een ethiek gefocust op het kerngezin in plaats van de clan, het handhaven van de wederzijdse trouw van man en vrouw in plaats van de losse ethiek die overspel en incest duldt en familienamen niet toestaat omdat de vaders en moeders van broers en zussen zo vaak niet dezelfde waren. Deze getransformeerde institutie vormde de bouwsteen van de ontluikende sociale orde van het Westen.[64]

De kloosters hebben het Augustiniaanse begrip van vrijheid in een barbaarse samenleving ingevoerd. Door dit te doen hebben zij de opkomst van de westerse beschaving mogelijk gemaakt. Deze beschaving

---

[63] Stichtingshandvest van Koning Edgar voor New Minster, Winchester, 966 in de *Liber Vitae*, uitg., W. de Gray Birch, 1892, bl. 232–46; geciteerd in Southern, *Western Society and the Church in the Middle Ages*, bl. 224–225.

[64] Deze ontwikkeling is prachtig getraceerd door Georges Duby in *Ridder, vrouw en priester: de middeleeuwse oorsprong van het moderne huwelijk.*

was niet op de abstracte notie van aangeboren menselijke vrijheid gebouwd, maar op het idee van menselijke corruptie en menselijke verdorvenheid, en de noodzaak om zich aan het door God gegeven gezag te onderwerpen. De oprecht vrije man was de mens die zichzelf vernederde, die zijn fundamentele corruptie erkende en het betreurde in plaats van het te verheerlijken. Hij was iemand die zijn vijanden lief had, voor hen bad, en het onrecht dat hem werd aangedaan kon vergeven. De slaaf was de mens die verslaafd aan glorie, wraak en overheersing was. Hij groef zijn eigen gat, "want allen die naar het zwaard grijpen, zullen door het zwaard omkomen" (Mattheüs 26: 52). De enige reden voor de *dominium* van de mens over een andere mens was zijn eigen zonde. Omdat het de mens aan zelfbeheersing ontbrak, moest een externe beperking op hem worden geplaatst. Geen mens was beter dan een ander omdat hij *dominium* over een ander uitoefende. De aan Christus onderworpen slaaf was de ware vrije man; de *dominus* verstrikt in zijn eigen ondeugden was de ware slaaf. Alleen genade kon de conditie van zelfbeheersing, en zo de originele conditie van de mens, herstellen door heerschappij over de schepping in plaats van over zijn medemens uit te oefenen.

Dit was de boodschap van de kerk aan een samenleving gebaseerd op, in Duby's woorden, oorlog en slavernij.[65] De kerk hield de heersers verantwoordelijk voor een standaard van rechtvaardigheid in overeenstemming met deze gevallen staat. Inderdaad, regeerders hadden een bijna absolute autoriteit over hun onderdanen, maar voor welk doel? Niet om hun eigen lusten te dienen, maar om het welzijn van die onderdanen te bevorderen. En niet alleen dat, maar het was in hun eigen interesse om hun onderdanen zoveel vrijheid te geven als zij konden uitoefenen in overeenstemming met de eisen van de orde. De manumissie van slaven en horigen was een gezegende daad. De kerk, zelf een *domina* met slaven en horigen onder haar controle, baande de weg, zoals in een handeling van Gregorius de Grote beschreven:

Aangezien onze Verlosser, de Maker van ieder schepsel, zich bereid heeft

---

[65] "... het systeem van verhoudingen dat enerzijds was gebaseerd op oorlog, anderzijds op slavernij." Georges Duby, *De drie orden: het zelfbeeld van de feodale maatschappij 1025–1225*, bl. 176.

verklaard menselijk vlees aan te nemen voor dit doel, opdat Hij de ketting van slavernij, waarmee wij werden vastgehouden, verbroken door de genade van Zijn Goddelijkheid, ons zou kunnen herstellen in de oorspronkelijke vrijheid, is het een heilzame daad als mensen die oorspronkelijk door de natuur vrij zijn gemaakt, en die door het volkenrecht zijn onderworpen aan het juk van slavernij, door het voordeel van manumissie worden hersteld in de vrijheid waarin zij zijn geboren. En zo, bewogen door liefdevolle vriendelijkheid en door overweging van deze zaak, maken wij u, Montana en Thomas, dienaren van de heilige Roomse kerk die wij met de hulp van God dienen, vrij vanaf deze dag, en Romeinse burgers, en wij geven u al uw privébezit vrij.

Gregorius aan Montana etc.[66]

Dit was de basis voor de groei van constitutionele vrijheden, omdat het een Augustiniaanse verbondsvooruitgang in vrijheid mogelijk maakte.[67] De relatie tussen regeerder en geregeerde was gebaseerd op een verbond. Dit was duidelijk in de feodale band (heer en vazal), de landsheerlijke band (heer en horige), en later in de groei van steden (stedelingen en regionale heer). De slaaf/vrije dichotomie werd geëlimineerd en verplaatst door een relatieve hiërarchie van vrijheid: des te meer vrijheden iemand had, des te meer verantwoordelijkheden hij verwierf. Lijfeigenschap was de laagste trede op deze ladder, maar zelfs horigen hadden verbondsmatige rechten, gericht op familie en eigendom.

De kerk overzag het verbondsproces, zekerstellend dat de rechten en plichten van beide partijen consistent met Augustiniaanse principes van gerechtigheid waren. Dit betekende dat gehoorzaamheid aan de meerdere afgedwongen moest worden, terwijl aan de mindere een zekere mate van vrijheid toegekend moest worden in overeenstemming met zijn ver-

---

[66] Brief XII, Boek VI. Citaat uit *The Book of Pastoral Rule and Selected Epsitles of Gregory the Great* [Het boek van de pastorale regel en geslecteerde brieven van Gregorius de Grote], vert. door Ds. James Barmby, D.D., in Philip Schaff (Uitg.), *Nicene and Post-Nicene Fathers* [Niceense en post-niceense vaders], vol. XII, bl. 191.

[67] Voor meer diepgang, zie mijn boek *Calvin and the Whigs* [Calvijn en de Whigs].

mogen om die vrijheid naar behoren uit te oefenen. Het zegel van deze verbondsovereenkomsten was de eed die op de Heilige Drie-eenheid gezworen werd. Dit was de basis van het toezicht van de kerk. Door de eed werd de meerdere aan zijn overeenkomst met zijn mindere verbonden. Verzuim betekende dat de ondergeschikte werd ontslagen van zijn verplichting om gehoorzaam te zijn (in feodale terminologie *diffidatio*). Omdat deze overeenkomsten een verbond waren, breidden ze zich ook naar toekomstige generaties uit. Ze werden dus voor iedere nieuwe generatie opnieuw bekrachtigd. Tijdens iedere vernieuwingsceremonie konden de bepalingen door wederzijdse overeenstemming aangepast worden, wat de mogelijkheid voor verbetering gaf.

Het was het toezicht van de kerk wat dit proces heeft doen slagen. Los van haar mediatie zouden de verbondspartijen elkaar onder ogen moeten komen en zou ieder voor zich moeten bepalen of de andere partij de voorwaarden van het verbond naar behoren nakomt. Een verbondsproces behoeft een mediator, een bemiddelaar; anders verwordt het tot een relatie van geweld en bedrog. En sinds het verbondsproces onder het toezicht van de kerk plaatsvond, door middel van trinitarische eden, werd het eeuwige lot van de verbondspartijen geïmpliceerd. In een tijd van geloof was de dreiging van eeuwige sancties voor de overtreding van een heilige eed genoeg om zelfs de meest koppigen af te schrikken.[68]

Vrijheid groeide hortend en stotend, naarmate de zuurdesem van de vrijheid op de basis van autoriteit de Westerse samenleving doordrong. Westerse vrijheid bestond niet *a priori* als erfenis van barbaarse (Teutoonse, Saksische, Bataafse, etc.) stamcultuur, een erfenis die tijdens de vroege middeleeuwen door de kerk onderdrukt werd om pas daarna opnieuw ontdekt te worden (een these die historici van de Verlichting na aan het hart van lag, zodat ze de kerk niet voor de genesis van hun beschaving hoefden te roemen). Door het geduldige werk van de monniken was het hart van de Europese cultuur onderworpen aan de vorderingen van Christus. De instituties die hieruit ontstonden – het kerngezin, ridderlijkheid (Burke's "geest van een 'gentleman'"), de universiteiten, de steden, de vrije markt, de rechtsstaat, de constitutionele overheid, verkregene vrij-

---

[68] Koningschap speelde een complementaire rol met de kerk in dit proces. Over dit punt, zie mijn boek *A Common Law* [Een gemene recht], bl. 49 e.v.

heden en rechten,[69] zelfs nationaliteit en internationaal recht – vonden allemaal hun oorsprong in deze arbeid. De monniken schiepen de echte onderbouw van de Europese beschaving: de onderbouw van het hart en de ziel.

De bovenbouw van de westerse samenleving

Dat waren de fundamenten van de westerse beschaving. Op hen kwam vooruitgang in de cultuur die ongekend waren. Rodney Stark heeft dit in prachtig perspectief geplaatst:

Het meest opmerkelijke aan de vroege middeleeuwen was de manier waarop de capaciteiten van nieuwe technologieën snel onderkend en op grote schaal overgenomen werden, wat verwacht mag worden van een cultuur die door geloof in vooruitgang gedomineerd werd.... Ook was innovatie niet tot technologie gelimiteerd; er was een opvallende progressie in de hoge cultuur – zoals literatuur, kunst, en muziek. Bovendien inspireerden nieuwe technologieën nieuwe organisatorische en administratieve vormen, met als hoogtepunt de geboorte van het kapitalisme binnen de grote kloosterlandgoederen. Dit leidde weer tot een volledige theologische herwaardering van de morele implicaties van de handel – de leidende theologen wezen eerdere doctrinaire bezwaren tegen winst en rente af, waardoor de primaire elementen van het kapitalisme werden gelegitimeerd. Hoewel deze ontwikkelingen een immense historische relevantie hadden, waren ze in veel opzichten een "geheime revolutie" zoals R. W. Southern het zo treffend zegt – geheim in de zin van dat we niet weten wie wat ontdekt heeft, of in de meeste gevallen, waar of wanneer precies de meeste van deze innovaties werden verwezenlijkt. Wat we wel

---

[69] "Vraagt gij naar de *perken* van het gezag? Men dacht dat ieder binnen den kring van eigen bevoegdheid beperkt is; men kende geen beteren waarborg dan de handhaving en inscherping der goddelijke wet van gerechtigheid en liefde en de daaruit voortvloeiende onschendbaarheid van verkregene vrijheden en rechten." G. Groen van Prinsterer, *Ongeloof en Revolutie: Eene Reeks van Historische Voorlezingen*, 5ᵉ uitgaaf (Utrecht: Kemink en Zoon, 1924), p. 37.

weten, is dat ze het Westen snel een voorsprong gaven op de rest van de wereld.[70]

Stark heeft dit verschijnsel zo goed in beeld gebracht dat een opsomming van de prestaties die hij benadrukt kan volstaan.[71]

Wat technologische vooruitgang betreft, werd de energie die voorheen door de overvloed van slaven geleverd werd, door watermolens en dammen geproduceerd. Het originele gebruik was het malen van graan in bloem, maar later, met de ontwikkeling van tandwielconstructies, werd waterkracht gebruikt om hout en steen te zagen, en in de metaalbewerking en de productie van papier. Windkracht werd eveneens gebruikt, vooral om moerasgrond droog te leggen voor agricultuur. Paardenkracht kreeg ook nieuwe toepassing met de uitvinding van de haam – waarmee het paard voor het eerst kon ademen terwijl het een last trok (!) – en hoefijzers. Dit vergrootte de bruikbaarheid van paarden, en nieuwe ploegtechnologie werd ontwikkeld om hier gebruik van te maken, wat tot diepere groeven leidde. Het resultaat was een sterk verhoogde opbrengst om de ontluikende groei van de steden te ondersteunen.

Visteelt werd ook een belangrijke activiteit, hoewel het in de 12ᵉ eeuw door zeegaande vissersvloten – zelf een uitvinding van deze samenleving, zoals we zullen zien – overbodig zou worden. Wisselbouw werd ingezet middels een systeem van drie velden, waar de vruchtbaarheid van landbouwgrond aangevuld door het planten van peulvruchten en braakliggen. Dit laatste was slechts een derde van de tijd nodig in plaats van de helft van de zijd, zoals de Romeinse praktijk met twee velden vereiste.

Textielmakerij kreeg ook een impuls. "Totdat de middeleeuwse Europeanen het trapweefgetouw, water-aangedreven volmolens, draaiende wielen, en kaardmachines met metalen tanden uitvonden, was het maken van stoffen zeer arbeidsintensief en werd het alleen op kleine schaal, met de hand, gedaan. Alleen de mechanisatie van de textielproductie zorgde voor de groei van grote textielfabrieken en -industrieën, die een belangrijke motor voor de handel en dus voor de economie waren" (bl. 43). Andere innovaties waren onder andere schoorstenen, brillenglazen en klok-

---

[70] *The Victory of Reason* [De overwinning van de rede], bl. 37.
[71] *The Victory of Reason*, bl. 37 e.v.

ken: "Ergens gedurende de dertiende eeuw heeft iemand ergens in Europe een betrouwbare mechanische klok uitgevonden. In een mum van tijd was Europa de enige samenleving waar men écht wist hoe laat het was" (bl. 44).

De middeleeuwse beschaving heeft ook oorlogvoering gerevolutioneerd. Samen met de heem en het hoefijzer werden stijgbeugels en zadels met hoge pommels en lepels geïntroduceerd, waardoor de zwaar gepantserde cavalerie, die de traditionele lichte cavalerie van de Moren in de Slag bij Tours in 732 n.Chr. zo verwoestte en dit herhaaldelijk tijdens de kruistochten zou doen, kon verschijnen. Evenzo werd het buskruit in de 14ᵉ eeuw voor het eerst praktisch gebruikt – de rest is geschiedenis – terwijl de Chinezen, die het hebben uitgevonden, deze noodlottige stap nooit hebben gezet.

Zeemacht werd door de introductie van het stevenroer getransformeerd, die de stuurboordriemen verplaatste. Bovendien werden katrollen geïntroduceerd, waardoor één stuurman een groot schip kon besturen. Innovaties in de scheepsbouw verminderde de kosten drastisch. En het kanon werd geïntroduceerd, wat het schepen mogelijk maakte om op afstand aan te vallen in plaats van te moeten rammen en/of een lijf-tegen-lijfgevecht aan te moeten gaan. Maar de belangrijkste innovatie was het ronde schip, "Een hoog schip met kastelen voor en achter, meerder masten en een complexe set aan zeilen, sommige vierkant, sommige latijnzeilen (driehoekig)" (bl. 47). Deze schepen konden meer artillerie meenemen, en konden in tegenstelling tot eerdere schepen, die alleen de kustlijn konden volgen, of in gesloten zeeën zoals de Middellandse zee bleven, de open zee bezeilen. Ze konden zelfs in de winter varen. Om het varen op zee te vergemakkelijken werd het kompas ingezet. Door zowel de Chinezen als de Europeanen uitgevonden waren het de laatsten die het van een kompaskaart en een vizier voorzien hebben, waarmee zeelieden de koers konden bepalen. Kaarten met kompasrichtingen stelden de mannen in staat om zelfs bij bewolking te varen wanneer de sterren niet geraadpleegd konden worden.

Nu dan:

Al deze opmerkelijke ontwikkelingen kunnen naar de uniek christelijke overtuiging dat vooruitgang een door God gegeven verplichting was getraceerd worden, als onderdeel van de gave van de rede. Dat nieuwe technologieën en technieken altijd ontwikkeld zouden worden was een fundamenteel onderdeel van het christelijke geloof. Vandaar dat geen bisschoppen of theologen klokken en zeilschepen afkeuren – hoewel beide in verschillende niet-Westerse samenlevingen op basis van religieuze overtuigingen werden afgewezen. Veeleer werden veel belangrijke technische innovaties waarschijnlijk door monniken bedacht en gretig door de grote kloostergoederen overgenomen. Innovaties verspreidden zich snel van de ene naar de andere plaats omdat, in tegenstelling tot de verhalen over de middeleeuwen als een insulair en immobiel Europa, de middelen van het middeleeuwse transport al gauw die uit de Romeinse tijd overtroffen (bl. 48).

Verdere innovaties kwamen in het zware vervoer (vooral dankzij de heem), in muziek (de uitvinding van polyfonie en muzieknotatie), architectuur (gotisch), literatuur (de ontwikkeling van volkstalen), onderwijs (universiteiten), wetenschap (het voorbereiden van de weg voor de "Copernicaanse Revolutie"), en kapitalisme, inclusief het dubbel boekhoudsysteem en zakelijk lenen tegen rente.

Het instrument van rentmeesterschap: recht[72]

Op al deze gebieden ontwikkelde de christelijke beschaving nieuwe en ongekende manieren om het heerschappijmandaat rond de tempeldienst uit te oefenen. Maar het belangrijkste was misschien wel op het gebied van recht en beleid. Ook hier was de rol van de kerk bepalend.

Koningschap, de dominante vorm van bewind, begon met een sacraal

---

[72] De discussie over recht kan met mijn volgende werken worden aangevuld: *A Common Law, Common Law & Natural Rights* [Gemene recht & natuurrechten], *The Debate that Change the West* [Het debat dat het westen veranderde], en *Trojan Horse* [Trojaans paard]. Een uitstekend allround onderzoek wordt aangeboden door Manlio Bellomo: *The Common Legal Past of Europe, 1000–1800* [De gezamenlijke rechtsgeschiedenis van Europa, 1000–1800]. In het Nederlands is het werk van H. J. van Eikema Hommes aan te bevelen, met name *Hoofdlijnen van de geschiedenis der rechtsfilosofie* en *De wijsgerige grondslagen van de rechtssociologie*.

karakter. De keizer van het Heilige Roomse Rijk behield deze sacrale ty-
pologie beter dan wie dan ook. Hij had priesterlijke verantwoordelijkheden en zag zichzelf als de connectie tussen hemel en aarde. Hij was ook
de soeverein, de wetgever en rechter van alle schepselen. Hij was koning
en priester en beweerde "naar de orde van Melchizedek" te zijn, als levende representatie van Christus op aarde, met Zijn gezag begiftigd.[73]

Gewapend met deze zelfconceptie begonnen de Westerse heersers
connecties met hun Byzantijnse collega's in het oosten te maken. Dit was
een strategie van de Ottos – Otto I (de Grote, d. 976), Otto II (d. 983),
en Otto III (d. 1002) – om zo hun claims op universele overheersing van
imperiale substantie te kunnen voorzien. Otto II trouwde met de Byzantijnse prinses Theophano die de verantwoording over het onderwijs van
Otto III had; door deze verbinding werden de Byzantijnse cultuur en gebruiken aan het keizerlijke hof naar de Westerse hoven geïmporteerd,
waar ze hun karakter achter hebben gelaten. Byzantijnse, op de keizer ge-
richte kerkelijke praktijk en liturgie werden als attributen van keizerlijk
gezag gevestigd, en versterkten zo de keizerlijke aanspraak op absolute autoriteit in zowel spirituele als tijdelijke zaken. Misschien wel het belangrijkste in dit verband is dat de keizers zich in deze tijd begonnen te baseren op de Byzantijnse wet, in het bijzonder de wetboeken van Justinianus,
om de bron en de reikwijdte van de keizerlijke autoriteit vast te stellen.[74]

Maar toen kwam Paus Gregorius VII, die de zogenaamde "Gregori-

---

[73] Zie de beschrijving van Kantorowicz: *The King's Two Bodies* [De twee lichamen van de Koning], hfdst. III: "Christ-Centered Kingship" [Christocentrisch
koningschap].

[74] "Dus het was vanaf de late tiende eeuw dat men de adoptie van typisch byzantijnse emblemen, riten, symbolen, gebruiken, nomenclatuur, ambten, en zo verder meemaakte, die 'aldaar' geobserveerd konden worden. Dat daarom de wetten van de Romeinse keizer – dat zijn de wetboeken van Justinianus – de wetten
van de westerse keizers zouden worden, is evident. Het significante begin van
deze toe-eigening van de wetboeken werd al in de heerschappij van Otto III gevonden, aan het einde van de tiende eeuw, en het zou slechts enkele decennia
duren voordat de volledige weelde van Justinianus' Code in al zijn grootsheid
kon worden waargenomen." Ullmann, *A History of Political Thought: The Middle Ages* [Een geschiedenis van het politieke denken: de middeleeuwen], bl. 97.

aanse hervorming" initieerde (ook wel de Investituurstrijd genoemd). De Gregoriaanse hervorming, uitgevoerd tussen de jaren 1054 en 1122, was een revolutionaire breuk met de ontvangen traditie, precies omdat het de totalitaire claims van de keizer afwees. De spirituele jurisdictie werd van de seculiere gescheiden, wat tot de originele "scheiding der machten" leidde.[75] De keizer werd zijn positie als plaatsvervanger van Christus ontzegd. Hij werd ontdaan van zijn goddelijke status en liturgische focus; de kerk die hij tot dan toe leidde, werd uit zijn bereik genomen; de prelaten, van wie hij gewend was dat hij ze kon aanstellen, werden uit zijn handen genomen, allemaal door de drastische maatregelen van de Gregoriaanse hervorming. De keizer werd zo gedegradeerd tot temporele administrator van recht, de uitvoerder van wetten die de zaken van het seculiere leven betreffen.

Door haar jurisdictie over het domein van het heilige te laten gelden, en, door dit te doen, het sacrale keizerrijk af te wijzen, vestigde de kerk de voorwaarden waardoor de naties van Europa een onafhankelijk bestaan konden opbouwen. Zoals de middeleeuwse historicus Joseph Strayer heeft geschreven, had de Gregoriaanse hervorming meerdere consequenties die voor de opkomst van territoriale staten gunstig waren:

1. Het ontkennen van keizerlijke superioriteit ging aan de erkenning van territoriale koningen en prinsen als onafhankelijke soevereinen vooraf. "Ieder koninkrijk of vorstendom moest als separate entiteit behandeld worden; de fundamenten voor een meerstatenstelsel waren ge-

---

[75] "Vele eeuwen later werd het concept van de rechtsstaat [rule of law] met de scheiding van de legislatieve, administratieve en juridische krachten geïdentificeerd. Het latere concept deelde twee kenmerken met het eerdere concept. Ten eerste was de macht verdeeld, hoewel in de vroegere periode de 'checks and balances' voornamelijk door samenlopende overheden binnen hetzelfde territorium werden geleverd in plaats van door samenlopende takken van hetzelfde overheid. Ten tweede was het recht afgeleid van, en geworteld in een realiteit dat de bestaande structuur van politieke macht oversteeg. In de latere periode werd die transcendente realiteit in mensenrechten, democratische waarden en andere gerelateerde overtuigingen gevonden. In de vroegere periode werd het in goddelijke en natuurlijke gerechtigheid gevonden." Berman, *Law and Revolution* [Recht en revolutie], bl. 294.

legd."

2. De definitie en uitvaardiging van wetboeken gebaseerd op het onderscheid tussen het heilige en het seculiere, omdat de koningen als administrators van seculiere justitie gezien werden. "De Gregoriaanse hervormers konden geloven dat de Kerk bepaalde wat gerechtigheid was, maar zelfs zij gaven toe dat het in normale omstandigheden de taak van seculiere regeerders was om recht te doen aan het volk.... Maar om gerechtigheid te handhaven moeten er wetboeken worden ontwikkeld en gerechtelijke instellingen worden verbeterd."

3. De sterke nadruk op het recht betekende dat de ontwikkelende Europese naties "rechtsstaten" werden, waarvan de bestaansreden in het handhaven van een sfeer van wettelijke verantwoordelijkheid gevonden werd. "De staat was gebaseerd op recht en bestond om recht te handhaven.... In geen enkel ander politiek systeem was recht zo belangrijk; in geen andere samenleving hadden advocaten een zo belangrijke rol."

4. Meer indirect benadrukte de kerk het belang van een geschoold "ambtenarenapparaat" om beleid uit te voeren; een universitaire opleiding, standaard voor geestelijken, werd ook voor leken belangrijk, en de seculiere overheden baseerden zichzelf op de kerkelijke hiërarchie en organisatie.[76]

De kerk pionierde de ontwikkeling van een nieuwe openbare orde die het geheel van het westerse christendom omvatte. De groei van interne staatsregelingen in de verschillende naties, van samenstellingen van rechten en vrijheden, werd bemiddeld door de kerk. Juridische wetenschap werd bevorderd, noodzakelijk voor de ontwikkeling van een rechtssysteem in staat om de uitdaging van de nieuwe situatie aan te gaan. In deze nieuwe juridische wetenschap was het *Corpus Juris Civilis*, van de Romeinse keizer Justinianus, waarvan de Digest, of compilatie van juridische adviezen van Romeinse juristen, de voorbeeldtekst voor studie in het ontwikkelende curriculum was.

Maar de mate van invloed van de Justiniaanse wetboeken moet niet verkeerd begrepen worden. Het *Corpus* werd als een gids voor het systematiseren, het categoriseren en voor het oriënteren in de eigentijdse situ-

---

[76] Strayer, *On the Medieval Origins of the Modern State* [Over de middeleeuwse oorsprongen van de moderne staat], bl. 22 e.v.

atie gebruikt; de inhoud werd niet simpelweg gekopieerd en toegepast. "Wat belangrijk was aan de studie van het Romeinse recht was dat het in een set aan categorieën voorzag waarin nieuwe ideeën konden worden aangebracht, en een woordenschat waarmee ze konden worden beschreven."[77] Het was het canonieke recht dat, volgens Berman, het modelwetboek voor het Westen was: "het eerste moderne, westerse rechtssysteem."[78]

De geschiedenis van hoe het Romeinse recht van Justinianus geïnterpreteerd werd in het Westen is van cruciaal belang. Door te kijken hoe het Romeinse recht op een bepaald moment werd geïnterpreteerd, kan worden vastgesteld wat voor soort grondwettelijk en politiek regime werd gestimuleerd, ofwel meer ofwel minder constitutioneel, meer of minder absolutistisch. De soort interpretatie die aan het Romeinse recht werd gegeven is een toetssteen voor het traceren van constitutionele ontwikkelingen.

Tijdens en onmiddellijk na de Gregoriaanse hervorming werd de Justiniaanse wet door de keizerlijke partij zo strikt mogelijk letterlijk geïnterpreteerd omdat een dergelijke interpretatie de keizerlijke aanspraak op absolute autoriteit ondersteunde. Maar het gat dat tussen het soort samenleving dat in de Justiniaanse wet en dat van het eigentijdse feodale Europa beoogd werd was te groot om een dergelijke interpretatie geldend te krijgen. Het Romeinse recht was onderworpen aan een intense re-interpretatie door verschillende scholen: De zogenaamde "glossatoren" (zo genoemd omdat ze gingen glosseren, d.w.z., een lopend commentaar aan het Romeinse recht toevoegen), de canonjuristen, en, wat later, de "postglossatoren" of Bartolisten, beginnend met de beroemde veertiende-eeuwse jurist Bartolus van Saxoferrato, die de wet in de context van republikeinse vrijheden herinterpreteerde zoals ze door de welvarende Ita-

---

[77] Strayer, *Medieval Origins,* bl. 25.

[78] Zoals de subtitel van hfdst. 5 proclameert: *Law and Revolution,* bl. 199. Voor de relatieve invloed van het Romeinse recht in de ontwikkeling van middeleeuwse rechtswetenschappen, zie vooral bl. 120 e.v. en 204 e.v. Berman's behandeling heeft de neiging om het belang van het Romeinse recht te onderschatten. Zie mijn *A Common Law* en Bellomo, *The Common Legal Past of Europe* voor aanvullende behandelingen van dit thema.

liaanse steden bezeten en beschermd werden.[79]

Het resultaat van deze poging tot herinterpretatie was een Romeins recht dat haaks op het origineel stond. En deze herinterpretatie werd opgenomen in een groter, zich ontwikkelend systeem van recht en constitutionele orde die de nieuwe realiteit van een Europese gemeenschap van naties uitdrukte en er substantie en stabiliteit aan gaf, zelf gesmeed door de samenwerking van pausdom en territoriale staten tegenover het imperium.

Jurisdictie en soevereiniteit

Denk bijvoorbeeld aan de herinterpretatie van de concepten *imperium* en *jurisdictio* van het Romeinse recht. In zijn originele ontwerp verwees *jurisdictio* naar de autoriteit van een rechter om recht te spreken; *imperium* naar de basis van deze autoriteit, die bij de keizer lag. Dus was *jurisdictio* een schepsel van *imperium* en compleet van *imperium* afhankelijk als de basis van zijn eigen autoriteit. *Imperium* op zijn beurt was alleen in handen van de keizer. Hij kon *imperium* aan lagere magistraten delegeren, maar hun *imperium* was compleet van het zijne afhankelijk. Als resultaat werd al het uitoefenen van legitieme autoriteit in de samenleving van de keizer afgeleid, en was het voor zijn rechtvaardiging compleet van hem afhankelijk

Een van de grote Romeinse juristen uit de middeleeuwen, Azo (1150–1230), draaide dit begrip van autoriteit om. Geholpen door het feit dat nergens in de teksten van Justinianus de concepten *imperium* en *jurisdictio* expliciet werden uitgelegd, heeft Azo ze vervolgens op een manier die precies tegenovergesteld is aan die hierboven beschreven geclassificeerd. Hij heeft *imperium* aan *jurisdictio* ondergeschikt gemaakt; bovendien interpreteerde hij dat *jurisdictio* zowel door lagere magistraten alsook door de hoogste magistraat kon worden uitgeoefend (terwijl hij nog steeds de keizer als hoogste magistraat erkende), en dat ieder level van *jurisdictio* onafhankelijk was van de levels boven zich, wat het een legitimiteit in zijn

---

[79] Skinner biedt een uitstekende samenvatting van het Bartolische project: Quentin Skinner, *The Foundations of Modern Political Thought: Volume One: The Renaissance* [De fundamenten van modern politiek denken: volume één: de Renaissance], bl. 9 e.v.

eigen recht gaf. "In Azo's analyse wordt erkend dat de jurisdictie en heerschappij – de soevereiniteit, zoals een latere generatie zou zeggen – van koningen, prinsen, hoofden van plaatselijke besturen en andere magistraten niet van de jurisdictie en heerschappij van de keizer zijn afgeleid."[80]

Aldus bood Azo een definitie van politieke soevereiniteit die de nieuwe realiteiten van het Europa van na de Gregoriaanse hervorming door in deze opvatting de decentralisatie van politieke autoriteit te vatten, die voor de middeleeuwse constitutie kenmerkend was.

Op deze manier is de traditie van beperkte soevereiniteit gevestigd geworden. Maar er is een andere vorm van soevereiniteit, die bekend staat als absoluut. Tussen deze twee bestaat een strijd, en een groot deel van de geschiedenis van de Westerse beschaving is door deze strijd getekend.[81] In het kort beweert absolute soevereiniteit dat de staat de bron van recht is (het primaat van wetgeving), terwijl beperkte soevereiniteit stelt dat de staat alleen dat recht erkent en bevestigt dat door de interactie van sociale deelnemers ontwikkeld is (het primaat van gewoonte), en dat deze bevestiging onder de leiding van een hogere wet gebeurt (de wet van God). Absolute soevereiniteit maakt van de staat zelf een wet, terwijl beperkte soevereiniteit de jurisdictie van de staat beperkt en openstaand voor correcties van buitenaf maakt.

Publiek- en privaatrecht

Een centraal punt van verschil tussen deze twee vormen van soevereiniteit betreft hun verhouding tot eigendom. In het geval van beperkte soevereiniteit staat soevereiniteit in dienst van eigendom, en in het geval van absolute soevereiniteit wordt deze relatie omgekeerd: eigendom staat in dienst van soevereiniteit. Dit is een cruciaal onderscheid voor een correct begrip van rentmeesterschap.

Omdat beperkte soevereiniteit privaateigendom dient, dient publiekrecht privaatrecht.[82]

---

[80] Berman, *Law and Revolution*, bl. 289–292; citaat op bl. 291.

[81] Zie *A Common Law* voor een schets van die geschiedenis.

[82] Zoals door McIlwain aangegeven was dit een belangrijk onderscheidingspunt van het Romeinse recht. Zoals hij in zijn *Constitutionalism: Ancient and Mo-*

Het onderscheid tussen publiekrecht en privaatrecht gaat aan al de rechtsfilosofie vooraf; het moet aangenomen worden – het kan niet genegeerd worden. Zelfs de socialistische rechtsfilosoof Gustav Radbruch zag dit in. "De concepten 'privaat-' en 'publiekrecht' zijn geen concepten van positief recht die net zo goed uit een bepaalde positiefrechtelijke orde geschrapt kunnen worden, maar gaan logisch aan de praktische toepassing van recht vooraf en zoeken van tevoren toepassing in iedere praktische toepassing van het recht. Ze zijn a priori rechtsconcepten.... Het onderscheid tussen privaat- en publiekrecht is gegrond in het concept van recht zelf."[83] Radbruch argumenteert dat de prioriteit die men aan privaatrecht boven publiekrecht of *vice versa* geeft historisch bepaald is, en als zodanig min of meer een kwestie van voorkeur is; maar met beperkte soevereiniteit moet de prioriteit naar privaatrecht gaan.

We zeggen dat publiekrecht bestaat om privaatrecht te dienen. Dit beperkt publiekrecht tot het reguleren van de burgerlijke overheid. Het verzekert dat de burgerlijke overheid correct functioneert. Maar het zegt ons niet welk groter doel de burgerlijke overheid dient. Het biedt geen beweegredenen van de burgerlijke overheid; het bakent slechts een interne structuur af. Het doel van de burgerlijke overheid gaat verder dan het publiekrecht en strekt zich uit richting alle verbanden waaruit de samenleving bestaat. En het recht dat het onderhoudt om de onderlinge relaties van deze verbanden te reguleren, het recht dat hun activiteiten reguleert en coördineert, is privaatrecht. Als zodanig functioneert het privaatrecht, vanuit de burgerlijke overheid, als een integrerend gemene recht.

Het is de unieke structuur die privaatrecht deze functie verleent, die niet in publiekrecht ondergebracht kan worden. Privaatrecht heeft een

---

dern [Constitutionalisme: klassiek en modern] schrijft: "Een van de grootste permanente contributies aan constitutionalisme van [de Romeinen] was zonder twijfel het onderscheid dat ze maakten, duidelijker dan voorheen, of nog lang daarna zou worden gemaakt, tussen de *jus publicum* [publiekrecht] en de *jus privatum* [privaatrecht] – een onderscheid dat tot op de dag van vandaag aan ten grondslag ligt aan de hele geschiedenis van onze wettelijke bescherming van de rechten van het individu tegen inmenging van de overheid" (bl. 46).

[83] *Rechtsphilosophie* [Rechtsfilosofie], bl. 220–221.

eigen onafhankelijk bestaan. Dit is de substantie van Ernest J. Weinrib's belangrijke boek, *The Idea of Private Law* [Het idee van privaatrecht].[84] Weinrib argumenteert dat privaatrecht wordt gekarakteriseerd door de bilaterale relatie van de betrokken partijen. Twee partijen die samenkomen door een actie, één partij handelend, één partij wordt behandeld. Wat uit zulk een actie voortvloeit, of het nu goed of slecht bevalt, vormt het onderwerp van privaatrecht. Concepten van verdeling of distributie en administratie worden niet in de vergelijking opgenomen omdat zulke concepten overwegingen invoeren die niet uit de relatie stammen. De resolutie is inherent aan de relatie en is van de beschouwing van de actie zelf afhankelijk.

De privaatrechtelijke relatie is noodzakelijk omdat het de expressie van vrije en onafhankelijke deelnemers is. Want "maatschappij" is iets anders dan "gemeenschap."[85] De maatschappij is in feite een collectief van gemeenschappen. Zoals Johannes Althusius in zijn *Politica Methodice Digesta* schreef is de maatschappij een complex van associaties die begint bij het gezin en die tot de staat opwerkt. Individuen oefenen het recht van eigendom vooral door deze associaties uit (als zodanig wordt de aanklacht tegen privé-eigendom, dat het een systeem van bezitterig individualisme en dus asociaal is, vanaf het begin categorisch weerlegd). Privé-eigendom is eigendom van privé-associaties, beginnend met het gezin. Puur individueel eigendom is de uitzondering, niet de regel. En het is de interactie *tussen* eigenaren, dus tussen deze, laten we zeggen, eigendomsentiteiten, die het onderwerp van privaatrecht vormen.

---

[84] Cambridge, MA: Harvard University Press, 1995.

[85] Daarom spreken Herman Dooyeweerd en H.J. van Eikema Hommes van "gemeenschapsrecht" en "maatschapsrecht", waarbij het eerste het recht is dat betrekking heeft op het functioneren *binnen* groepen, het tweede op de relaties *tussen* groepen. Op basis hiervan kunnen we zien dat privaatrecht een vorm van maatschapsrecht is, terwijl publiekrecht een vorm van gemeenschapsrecht is. Dit onderscheid is van fundamenteel belang voor de sociale orde en zelfs voor het rentmeesterschap. Zie Dooyeweerd, *De verhouding tusschen individu en gemeenschap in de Romeinsche en Germaansche eigendomsopvatting;* van Eikema Hommes, *De wijsgerige grondslagen van de rechtssociologie.*

Dit verschil wordt accentueert door de twee soorten gerechtigheid die voor het eerst door Aristoteles onderscheiden werden, verdelende en verwisselende gerechtigheid. Verdelende gerechtigheid heeft betrekking op de juiste verdeling binnen een bepaalde organisatie of gemeenschap. Het refereert aan goederen voor iedereen, in het bezit van iedereen, om door en centrale autoriteit gedistribueerd te worden, in termen of wat ieder lid verdient. Verwisselende gerechtigheid, aan de andere kant, refereert aan uitwisseling tussen organisaties of gemeenschappen, met betrekking tot goederen die niet gedeeld worden of gemeenschappelijk bezit zijn, maar eigendom van de ruilende partijen en daarom niet onder het gezag vallen van een distribuerende partij, en waarover de ruilende partijen vrij kunnen beschikken. Dus, het onderscheid tussen verwisselend en verdelende gerechtigheid is gebaseerd op de vraag van eigendom. Binnen de grenzen van eigendom heeft verdelende gerechtigheid de overhand; daarbuiten, dus tussen eigenaars, onder vrije, "autonome" deelnemers, heerst verwisselend gerechtigheid. Het is het verschil in eigendom dat het verschil in recht verklaart.

Privaatrecht geeft uitdrukking aan verwisselende gerechtigheid. Het wordt toegepast op relaties tussen deze eigenaren; zoals we hebben gezegd is het een extern, coördinerend recht. Intern worden eigendomsentiteiten beheerst door wetten die aan elke entiteit eigen zijn – familierecht, ondernemingsrecht, wetten die voor stichtingen en clubs gelden, etc.[86] Deze interne wetten zijn uitdrukkingen van de principes van verdelende gerechtigheid. Privaatrecht strekt zich niet tot de interne affaires van deze verenigingen uit, die een eigen wereld vormen.

Publiekrecht, zeiden we, betreft het interne functioneren van de publieke organisatie, de burgerlijke overheid. Het houdt zich daarom bezig met de dingen die burgers gemeen hebben. Gemeenschappelijk eigendom is hier onderdeel van, maar het heeft vooral met overheidsfuncties te maken, iets waar alle burgers in delen, óf in het uitoefenen van deze

---

[86] Althusius refereerde aan deze wetten als *leges propriae*, "eigen rechten" of "wetten," die van de *jus* of *lex commune*, "gemene recht" onderscheiden worden moeten. Iedere vorm van verband had er een. "Ze verschillen in ieder soort verband al naargelang de aard van ieder verband vereist." *Politica Methodice Digesta*, I. §19 (bl. 96 in *The Debate that Changed the West*).

functies (publieke ambten) óf door voor ze te betalen (belasting). Zo vallen stemrechten bijvoorbeeld onder publiekrecht. Staatsrecht, fiscaal recht, administratief recht, ze vallen allemaal onder de categorie publiekrecht. Al deze vormen van recht, binnen het functioneren van de overheid, vallen ook onder de principes van verdelende gerechtigheid. Op deze manier begrepen is publiekrecht het *interne* recht (*lex proprium*) van de organisatie bekend als de staat.

Met deze inzichten zijn we nu in een positie om rentmeesterschap binnen het maatschappelijke kader te plaatsen. Rentmeesterschap betreft de administratie van zaken *binnen* de verschillende verbanden die de maatschappij uitmaken. De grootste van deze is inderdaad de staat, en zoals we hebben gezien, omvat die binnen zijn bevoegdheden het gemeenschappelijk of publiek eigendom dat in het bezit van alle burgers samen is. Maar zelfs deze categorie kan niet uitgebreid worden om privé-eigendom te omvatten, noch kan de staat zijn regelgevende krachten inzetten om het regime van privé-eigendom heimelijk te ondermijnen. Beide gedragingen ondermijnen de pluralistische maatschappij van verbanden. Geen van beide beantwoordt aan de doctrine van rentmeesterschap. Ze gaan er zelfs tegenin.[87] Publiekrecht is geen gemene recht.

De oorlog om het privaatrecht

Eigentijdse rechtswetenschap, in de ban van absolute soevereiniteit, wil deze relatie omkeren; het wil van publiekrecht gemene recht maken. Als zodanig heeft er in de afgelopen 200 jaar een oorlog tegen privaatrecht gewoed. Privaatrecht is een "bourgeois kapitalistisch" concept dat geen status mag hebben in een écht sociale orde.

Was de 19ᵉ eeuw de eeuw waarin de theorie van de aanval op privaatrecht ontwikkeld werd, dan was de 20ᵉ eeuw de eeuw waarin de aanval daadwerkelijk werd gelanceerd. Het opslokken van privaatrecht door publiekrecht is de centrale focus geweest van met name socialistische regimes. Radbruch zag het zo: "voor een individualistische legale orde, is publiekrecht – de staat – slechts een restrictief beschermend kader dat om privaatrecht en privé-eigendom draait; voor een sociale legale orde is het omgekeerde waar – het privaatrecht is slechts een provisioneel bewaard

---

[87] Zie mijn *A Theology of Nature*, bl. 27 e.v.

en altijd kleiner wordende ruimte voor privé initiatieven binnen het alles omvattende publiekrecht."[88] De agenda is duidelijk: privaatrecht als een onafhankelijke structuur heeft geen legitieme status in het socialistische systeem.

Maar privaatrecht, de uitdrukking van verwisselende gerechtigheid, heeft een eigen innerlijke logica, een eigen structuur die in iedere vorm van wetgeving gerespecteerd moet worden. Momenteel is wetgeving de primaire bron van recht, zowel publiek als privaat. Het probleem hiervan is dat wetgeving vooral door overwegingen van verdelende en niet van verwisselende gerechtigheid geleid wordt. Dit komt omdat de wetgevende macht richting publiekrecht is georiënteerd, het historisch gezien door publiekrecht is gevormd, en het de eigen missie als publiekrecht ziet.[89] Voeg hier de moderne sociaaldemocratische bias voor publiekrecht als alomvattend "sociaal"-recht aan toe, en we beginnen de gevaren van moderne wetgeving voor het regime van privaatrecht in te zien.

Deze onderliggende vooringenomenheid die verdelende gerechtigheid en in het verlengde hiervan publiekrecht als soort van tegengif tegen het "individualisme" van privaatrecht ziet, kent een lange voorgeschiedenis. Hugo Grotius was de eerste die verwisselend gerechtigheid tegenover verdelende gerechtigheid plaatste, maar hij deed dit ten voordele van verwisselende gerechtigheid.[90] Hij ontwierp het prototypische klassiek liberale juridische raamwerk, waarin verwisselende gerechtigheid als strenge gerechtigheid bestempeld wordt, en dus voor civielrecht ingezet kan worden, terwijl verdelende gerechtigheid, die hij als een morele in plaats van een strikt juridische categorie zag, niet zo ingezet kan worden.

Later in dezelfde eeuw draaide Gottfried Wilhelm Leibniz deze constructie om door te stellen dat verwisselende gerechtigheid een lagere vorm van gerechtigheid vormde die door verdelende gerechtigheid aangepast en verbeterd moest worden. Deze diende dus als een beginsel van billijkheid, die ongewenste resultaten voortvloeiend uit de toepassing

---

[88] "Vom individualistischen zum sozialen Recht" [Van individualistisch recht naar sociaalrecht] (1930), bl. 40.

[89] Zie Hayek, *Law, Legislation and Liberty* [Recht, wetgeving en vrijheid] voor een uitgebreide uiteenzetting.

[90] *A Common Law*, bl. 92 e.v. Zie ook *The Debate that Changed the West*.

van deze lagere vorm van rechtspraak corrigeerde.

G. W. F. Hegel heeft het principe van Leibniz doorontwikkeld en argumenteerde dat de burgerlijke samenleving – de privaatrechtsamenleving – de correctieve en leidende rol van de staat nodig had om de onvermijdelijke eigen "belangenconflicten" te corrigeren. De gehele structuur van sociale democratie en de welvaartsstaat is op dit concept gebouwd.

Dit is de niet-onderzochte vooraanname die aan het typisch moderne concept van gerechtigheid en recht ten grondslag ligt. De veronderstelling is dat privaatrecht belangenverstrengelingen en onrechtvaardige resultaten bevordert. Dit is een expressie van het belangenconflictenwereldbeeld dat ik in mijn boek *A Common Law* behandel (bl. 106 e.v.). De vraag is, worden belangenverstrengelingen door het regime van privaatrecht veroorzaakt? Hebben private verbanden in hun gezamenlijke interacties de leiding en distributieve kracht van een overkoepelende staat nodig? Of is er een ingebouwde structuur van harmonisatie via verwisseling dat het regime van privaatrecht in staat stelt om zelfstandig te functioneren, en wat ingrijpen overbodig of zelfs destructief maakt?

Dit vraagt om een nader onderzoek. Er zijn diverse termen die aan het principe privaatrecht ten grondslag liggen, inclusief verwisseling, restitutie en wederkerigheid. Deze zijn weer gebaseerd op de prototypische *lex talionis* ("een oog voor een oog") in Leviticus 24. Het is inderdaad een eeuwenoud principe van rechtspraak, en één dat op zichzelf niemand heeft verondersteld fout te vinden, op zijn minst in principe, hoewel de letterlijke toepassing van de *lex talionis* alleen in primitieve culturen wordt uitgevoerd – meer geavanceerde culturen hebben het vervangen met een straf die gelijk wordt geacht, maar niet letterlijk (zo is iemand bijvoorbeeld niet letterlijk verplicht een oog op te geven wanneer hij een ander blind heeft gemaakt). Problemen ontstaan pas wanneer de resultaten worden overwogen. Want bij privaatrecht is er geen aanneming des persoons. Het houdt geen rekening met de betrekkelijke omstandigheden van de betrokken partijen; het neemt alleen kennis van de zaak waarbij ze betrokken zijn. Dus, wanneer een arme persoon bijvoorbeeld van een rijke persoon steelt, moet volgens privaatrecht terugbetaald worden, onafhankelijk van het feit dat de ene veel heeft en de ander weinig. Privaatrecht ziet alleen dat de ene persoon de andere heeft bestolen, en dat de gecreëerde storing in de legale orde hersteld moet worden.

Als dit alles was wat de publieke betrokkenheid bezig zou houden, dan zou de kritiek van een gebrek aan "sociale betrokkenheid" enige geldigheid hebben. En met klassiek liberalisme was dit inderdaad het geval. De beperking van de rol van de staat tot "streng," d.w.z., verwisselende gerechtigheid gecombineerd met de eliminatie van een publieke rol voor de kerk heeft een leegte achtergelaten die alleen door sociale actie en de opkomst van de welvaartsstaat gevuld kon worden.

Maar dit is waar een begrip van de historische ontwikkeling van recht in het Westen zich loont. Want als we eenmaal de rol begrijpen die de kerk in deze ontwikkeling heeft gespeeld, dan kunnen we begrijpen hoe het mogelijk is geweest dat het privaatrecht zich überhaupt heeft kunnen ontwikkelen.. Dit kon alleen plaatsvinden omdat een balans was gevonden waarbij het openbare beleid met sociale betrokkenheid rekening hield.

Deze balans werd gevonden omdat twee instituties zich om het openbare leven bekommerden, niet slechts één. Terwijl de staat op de bediening van gerechtigheid gevestigd was, was de kerk op de bediening van barmhartigheid gevestigd. Op grond van deze jurisdictie oefende de kerk een diaconaat uit waarbij armoede kon worden verlicht, zelfs wanneer de staat er een "strenge" gerechtigheid op na hield.

Maar toen kwam de Verlichting, en daarmee de verbanning van de kerk uit het openbare leven. De afwezigheid van sociale bezorgdheid leidde tot de "sociale vraag." Zo verlaten werd privaatrecht de zondebok voor sociale misstanden.

Dit heeft tot de anomalie geleid waarbij de moderne ethicus het punt kan maken dat het principe dat aan privaatrecht ten grondslag ligt rechtvaardig is, maar dan argumenteert dat diens uitwerking onrechtvaardig is. Het argument dat gebruikt wordt om deze goocheltruc te rechtvaardigen is samen te vatten als "morele mens, immorele samenleving" of "structurele zonde." We krijgen "formeel versus substantief recht" en "resultaatgerichte ethiek." De betrokken individuen hebben niets fout gedaan en toch wordt de uitkomst van hun handelen als ongewenst bestempeld. Daarom moet iets gedaan worden om deze onvoorziene consequentie te corrigeren. Daarom kan privaatrecht het niet toegestaan worden om autonoom te bestaan. Daarom kan economische vrijheid niet de nodige ruimte gegeven worden. Het moet worden beperkt omwille van "sociale gerechtigheid."

Dit is waar verdelende gerechtigheid de eigenlijke sfeer van verwisselend gerechtigheid binnendringt. Publiekrecht in de gedaante van sociale gerechtigheid begint privaatrecht te vervangen. Het doet dit door wetgeving. Daarom is de vraag naar de bron van recht zo belangrijk. Als wetgeving de enige legitieme bron van recht is, wordt privaatrecht als autonoom regime bedreigd. Want, zoals we hebben gezien, wetgeving is inherent distributief. De inbreuk op de privaatrechtelijke sfeer leidt er meestal toe dat de uitkomsten afwijken van hoe ze zouden uitpakken in termen van de gerechtigheid van de zaak, waardoor onrecht bewerkstelligd wordt.[91]

Privaatrecht moet tegen deze inbreuken beschermd worden. Het moet erkend worden als een autonoom gebied, onmisbaar voor het functioneren van een vrije maatschappij, een maatschappij van zelfstandig verbanden. Het moet daarom toegestaan worden om te groeien en te ontwikkelen in termen van de interacties van deze verbanden, volgens de principes van verwisselend gerechtigheid. Op deze realisatie rusten de vrijheden die we koesteren.

En op deze basis hangt ons streven naar rentmeesterschap. Want rentmeesterschap, een functie van eigendom, kan niet zonder privaatrecht functioneren.

De theocratische ordening van het leven

Dat deze dingen niet altijd als levende historische realiteiten erkend zijn, als de werkelijke in tegenstelling tot de gefantaseerde manier waarop

---

[91] Om deze reden sprak Hayek van de "mirage" van sociale gerechtigheid. Want om überhaupt van sociale gerechtigheid spreken te kunnen, moet men eerst het sociale (=maatschappelijke) elimineren, en alles in het gemeenschappelijke overzetten, waardoor de maatschappij één grote gemeenschap wordt. Een maatschappij van vrije en gelijke deelnemers valt onder een ander regime van gerechtigheid, namelijk verwisselende. Sociale gerechtigheid kan alleen *binnen* een gemeenschap of organisatie functioneren – en daarom werken diegenen die sociale gerechtigheid bepleiten ook aan de afschaffing van privé-eigendom. Zie Hayek, *The Mirage of Social Justice* [De mirage van sociale gerechtigheid], vol. 1 van *Law, Legislation and Liberty*.

de Westerse samenleving zich ontwikkeld heeft, is duidelijk. De historiografie – in tegenstelling tot geschiedenis – van het Westen is schandalig door interesses opgeëist die geen interesse hebben voor het erkennen van de centrale rol van de kerk in de ontwikkeling van deze beschaving. Ik hoef alleen maar de twee primaire hedendaagse versies van geschiedenis te noemen – de Marxist (progressief-liberaal) en de Whig (klassiek liberaal). Deze twee delen de lakens uit, domineren het gedachtegoed, en kunnen niet aan de doodsspiraal, die zij hebben helpen opstarten, ontkomen. Er is slechts één ontsnapping van deze dodelijke omhelzing mogelijk, en dat is de herontdekking van de centrale plek van God's tempel – de kerk – voor de beschaving. En wanneer dat in de praktijk wordt gebracht, zal het ook de redding van de natuur ten goede komen.

De person die de rol van de kerk in de samenleving het beste begreep was A. A. van Ruler (1908–1970). Van Ruler was een protestants predikant in Nederland en professor voor theologie aan de Universiteit van Utrecht. Hij was ook een productief schrijver en spreker, die onder andere meer dan 20 jaar lang een wekelijkse meditatie voor de nationale radio uitzond, die gemiddeld 450,000 luisteraars trok.[92] Dit is een imposant nummer, ongeveer 4% van de toenmalige bevolking.

In zijn boek *Religie en Politiek*, geschreven tijdens de Tweede Wereldoorlog, legde van Ruler een aantal basisprincipes vast als het gaat over de rol van de kerk in de samenleving, die een uitdrukking van de Bijbelse principes geven die we in dit boek hebben beschreven. Hij sprak over de kerk niet simpelweg als een stem die het Woord van God proclameerde en kritisch was tegenover de omringende wereld, maar als een ordenende macht rondom Woord en Sacrament.

Eerst, rondom het Woord.

[De prediking der kerk] is meer dan alleen verkondiging van het evangelie; zij is ook bediening van het Woord. Deze onderscheiding is van Hoedemaker. Men kan er veel op aanmerken; vooral dat ze bij diepere door-

---

92 "Arnold van Ruler, de theoloog die zending weer op de kaart zette." *Nederlands Dagblad*, 13 December 2018. URL: https://www.nd.nl/geloof/geloof/539591/arnold-van-ruler-de-theoloog-die-zending-weer-op-de-kaart-zette

denking niet nauwkeurig is in de formulering. Maar wat hij ermee bedoelt, is duidelijk en het is ook juist. Hij bedoelt er dit mee te zeggen, dat het in de prediking der kerk niet alleen gaat om een bovenwerelds heil voor onsterfelijke zielen, zó dat de kerk er met haar prediking is voor de zielen met het oog op de hemel, maar dat het ook gaat om de bediening van het Woord, waarin de vragen van de dag gezet worden in het licht van de waarheid, die in de openbaring tot ons komt. Alles komt op de kansel ter sprake; alles uit het huwelijk en uit het gezin en uit de school en uit het werk en uit de maatschappij en uit de staat en uit de wetenschap en uit de kunst. En dan wordt dat alles, als het Woord erover bediend wordt, niet alleen in het rechte licht gezet, maar dat alles wordt daardoor ook recht gezet. Het Woord zet alles op zijn plaats. De dingen zijn, wat het Woord ervan zegt. Zo ordent het Woord het leven. Dit is geen kwestie van beschouwing, maar dat is een werkelijkheid, die geschiedt. Daarin is de kerk trouw aan de aarde (bl. 177).

Bediening gaat niet alleen om eeuwige redding in het hiernamaals, omdat het in Gods Woord om het hier en nu gaat. Het "zet alles op zijn plaats," het "ordent het leven." Dit principe van orde strekt zich tot de sacramenten uit, beginnend met de doop:

De kerk dóópt, maar zij doopt kinderen. En de kinderdoop geeft aan het sacrament en daarmee aan de kerk een enorme uitbreiding in het vlak van het aardse leven. Het zijn geen enkelingen, die uit de massa des verderfs worden uitgeheven in een bovenaards territoir, maar de kerk gaat in in de stam der natie en verbindt zich met de volksstam en met het nationale leven (bl. 177).

Het sacrament van de doop is wanneer het op de juiste manier begrepen wordt niet voor een beperkte groep individuen, maar voor families en voor de familie op grote schaal – de natie. "Ga dan heen, onderwijs al de volken, hen dopend in de Naam van de Vader en van de Zoon en van de Heilige Geest, hun lerend alles wat Ik u geboden heb, in acht te nemen" (Mattheüs 28: 19). Door zo in het aardse leven te reiken maakt de kerk heilig wat ooit profaan was. "Want de ongelovige man is geheiligd door zijn vrouw en de ongelovige vrouw is geheiligd door haar man. Anders waren immers uw kinderen onrein, maar nu zijn zij heilig" (1 Kor. 7:

14).

Het sacrament van het Avondmaal is de afwerking van dit arrangement:

> En zo is het ook met het avondmaal. De kerk viert avondmaal, maar rondom het sacrament des avondmaals houdt zij de *censura morum*, de tucht over de zeden, en gaat zij ordenend in in het nationale leven. Daarmee schept de kerk culturen. Ook daarin is zij trouw aan de aarde (bl. 177).

Deze *censura morum*, deze "censuur van de moraal," heeft een lange geschiedenis. Johannes Althusius heeft hier uitgebreid in zijn *Politica Methodice Digesta* geschreven, hoewel de details van wat hij te zeggen had de mores van zijn tijd reflecteren, vooral in het onderhouden van luxe-beperkende wetten.[93] Wat ertoe doet is het onderliggende principe. En het onderliggende principe van deze taak is dat het de toon zet voor het recht als uitgevaardigd en onderhouden door de staat – het recht dat we in de voorgaande sectie uitgewerkt zagen. Van Ruler verklaart het op de volgende wijze:

> De kerk getuigt niet alleen. Zij ordent het leven ook. Te zeggen, dat de kerk alleen kritisch, alleen negatief getuigt, dat zij alleen haar stem verheft, als het in de wereld, bijvoorbeeld in de staat, de verkeerde kant uitgaat, is apert onjuist. In ieder geval moet men ook zeggen, dat de kerk ook vormend, ook positief getuigt, dat het haar recht en plicht is, om aan te geven, niet alleen hoe het niet moet, maar ook hoe het wel moet. En dat is zelfs nog niet genoeg. De kerk laat het niet bij een zeggen. Zij gaat ook aan de slag en neemt ook zelf de ordening van het leven ter hand. Thans nog vraagt de kerk onderwerping aan haar verordeningen. En het is helemaal niet onjuist, wanneer de kerk in haar corpus iuris een stuk huwelijkswetgeving of ook een stuk handels- of arbeidswetgeving ter hand neemt. In principe is de kerk daar dagelijks mee bezig. En zij vindt op haar terrein de staat en in de overheid begroet zij de dienaresse Gods, aan wie deze concrete ordening van het leven, waarmee zij zelf begon

---

[93] Voor een ingekorte Engelse vertaling, zie *The Debate that Changed the West*, bl. 169–171.

rondom Woord en sacrament, ter nadere uitwerking en toepassing is opgedragen. Kerk en staat zijn over de gansche lengte en breedte van het
leven met elkaar verstrengeld. De staatstaak is alleen maar te zien als uitbreiding van de censura morumtaak van de kerkenraad. Deze ordening
van het leven is – nogmaals zij het gezegd – iets wat geschiedt. Het gaat
niet via de individuele overtuiging. Belijdenis is niet gelijk aan overtuiging, maar meer dan overtuiging, namelijk echo van het machtige Woord
Gods in de existentie. De méns wordt daarin opgezogen en opgeteerd.
Belijdenis en offer horen bij elkaar (bl. 177–178).

Dit is wat het betekent voor de tempel om in het centrum van de sociale orde te staan. Dit is wat Zacharia bedoelde toen hij schreef: "Op die
dag zal op de bellen van de paarden staan: HEILIG VOOR DE HEERE. En
de potten in het huis van de HEERE zullen zijn als de sprengbekkens voor
het altaar. Ja, al de potten in Jeruzalem en in Juda zullen voor de HEERE
van de legermachten heilig zijn, zodat allen die willen offeren, zullen komen en ervan nemen om erin te koken. Op die dag zal geen Kanaäniet
meer zijn in het huis van de HEERE van de legermachten" (14: 20–21). In
tegenstelling tot Oliver Wendell Holmes is het leven van het recht geen
ervaring noch logica – het is "de heiliging, zonder welke niemand de
HEERE zal zien" (Hebreeën 12: 14).

Dat is hoe *Bijbels* rentmeesterschap eruitziet.

HET MODERNE CONCEPT VAN GLOBAAL RENTMEESTERSCHAP

Met dit begrip wordt het duidelijk dat het concept en de agenda van globaal rentmeesterschap, rentmeesterschap van "de planeet," haaks staat op rentmeesterschap in de Bijbel, dat theocratisch op (vooral privé-) eigendom rond de tempel gebaseerd is. In plaats daarvan baseert het concept van globaal rentmeesterschap zich op het begrip van verdelende "sociale" gerechtigheid, die de fouten van de private sector "corrigeert," zoals in het voorgaande hoofdstuk uitgelegd, waardoor deze sector zelfs geëlimineerd wordt om zo de natuurlijke wereld direct te beheren. Het werpt het verbandsleven van onafhankelijke eigendomsentiteiten omver, in zijn streven om de samenleving om te vormen tot één monolithische organisatie waarin alle relaties intern zijn en van bovenaf worden aangestuurd. Een gecentraliseerd collectivisme is het doel, al het andere – rassenverhoudingen, gender "eerlijkheid," seksuele bevrijding, milieubescherming, christelijk "rentmeesterschap" – zijn middelen.

Dit zit achter de massieve uitbreiding van zowel "publiek" eigendom van land alsook verregaande interventie in de rechten van private eigenaars.[94] Beide zijn uitdrukkingen van een overheersing die zegt het land en de natuurlijke wereld te beschermen tegen de plunderingen van conflictueus privé-eigendom. De motivatie is duidelijk de *prioriteit* van de natuurlijke wereld en de *onderwerping van de mensheid* aan de natuurlijke wereld. Want menselijke interactie en interventie zijn kwaden, in het beste geval noodzakelijke. Natuurlijk, om dit te kunnen bereiken, is een omnipotente regulerende en directieve instantie nodig.

Dit zou allemaal in het beste belang van zowel de mensheid als de natuurlijke wereld moeten zijn. Maar het roept de vraag op – is dit waar we op uitkomen wanneer we vragen, "Wat zou Jezus doen? Waar is God in dit alles?"

Dat de christelijke afdeling van de milieubeweging zich niet al te graag met deze vraag bezig wil houden, is iets wat opgemerkt moet worden. Een voorbeeld is de progressie getoond in de populaire *Earthkeeping* [Het be-

---

[94] Zie *A Theology of Nature*, bl. 27 e.v.

houden van de aarde] boeken uitgegeven onder toezicht van het Calvin College (VS) en gepubliceerd door Eerdmans. De eerste editie, gepubliceerd in 1980, had als ondertitel "Christelijk rentmeesterschap van natuurlijke hulpbronnen" [Christian Stewardship of Natural Resources]. De tweede, gepubliceerd in 1991, had als ondertitel "Rentmeesterschap van de schepping" [Stewardship of Creation]. Waar is deze verandering op gemotiveerd? Ten eerste, wat "natuurlijke hulpbronnen" betreft: "Voor de christen moet de aarde niet 'de natuur' (wat haar verheffing tot goddelijkheid suggereert) noch 'hulpbronnen' (wat haar tot slechts een voorraad van grondstoffen degradeert, wachtend op actie van menselijke industrie) zijn. Noch is het simpelweg het abstract 'milieu.' Het is eerder 'schepping,' een woord dat ons niet alleen aan de Schepper, maar ook aan onze status als schepselen en onze taak als rentmeesters doet denken" (bl. x). Dus *natuur* suggereert "verheffing tot goddelijkheid" en *milieu* is te abstract? Ik vermoed dat men hier overmatig kieskeurig is geworden, vooral gegeven het feit dat christelijke milieuactivisten deze termen voortdurend gebruiken zonder zichzelf aan deze kritiek te onderwerpen. En *hulpbronnen* – oprecht? Het woord is te instrumentaal? Is dit niet een teken dat onze christelijke milieuactivisten niet meer in welke vorm van onderwerping van de natuur aan de behoeften van de mens dan ook geïnteresseerd zijn? Daar gaat het heerschappijmandaat.

En dan is er de verklaring voor de eliminatie van het woord *christelijk*: "we hebben ook het woord 'christelijk' uit de ondertitel gehaald, omdat het de indruk gaf dat de acties die we voorstelden alleen op christenen van toepassing zouden zijn. Het rentmeesterschap dat wij aanbevelen is niet alleen een christelijke taak, maar één voor alle mensen. We geloven meer dan ooit dat alleen door het nieuwe leven in Christus – de hernieuwing van de schepping die met de hernieuwing van de gefaalde, gebrekkige en eigenzinnige rentmeesters van de Schepper begint – het rentmeesterschap over de schepping dat steeds meer mensen uit willen oefenen, ooit mogelijk zal zijn. Maar het zijn niet alleen christenen die dit boek aanspreekt. Het is aan alle rentmeesters van de schepping gericht" (bl. x). Hier hebben we een *contradictio in terminis in optima forma*. Ofwel de door Christus gebrachte redding *is* voor de hernieuwing van de schepping vereist – in welk geval louter menselijke actie nutteloos is, en het bekeren van de naties een vereiste – of louter menselijke actie draagt bij aan de hernieuwing van de schepping en brengt dit zelfs teweeg, in welk geval de door Christus gebrachte redding *geen* vereiste is om dit teweeg te brengen. Maar om de hete brij heen draaien is populair onder onze christelijke milieuactivisten.

Dit doet denken aan een eerdere periode in de geschiedenis van de kerk, toen de doctrines van het socialisme in de mode waren en de orthodoxie in de kerken verdrongen. Veel kerkgangers waren van deze nieuwe doctrine gecharmeerd geraakt en vonden het lastig om zowel hun geloof als hun pas ontdekte toewijding te behouden. Mauro, die in 1909 schreef, benadrukt dit:

Verscheidene ernstige personen, die dezer dagen min of meer de oeconomische beginselen van het Socialisme verdedigen, houden terzelfder tijd, tenminste in naam, de voornaamste leeringen van het Christendom vast. Maar men kan spoedig opmerken, dat deze menschen als Christenen onaandoenlijk zijn en tegelijkertijd als Socialisten vol ijver voor propaganda. De bekeerlingen, die zij winnen, worden bekeerd tot het Socialisme, niet tot het Christendom, en de plaatsen van deze propagandisten zullen, wanneer ze ledig komen, evengoed vervuld worden en al wat zij doen zal even nauwkeurig voortgezet worden door anderen, die in 't geheel het Christendom niet belijden. Het is geheel in overeenstemming met veel, dat in de hedendaagsche kerken geleerd wordt om de menschheid als haar eigen verlosser eere te geven.[95]

Dus beginnen we in te zien dat voor het nieuwe christendom het is niet zo dat de kerk centraal staat en de mensheid die dat moet erkennen, maar precies het tegenovergestelde: de rentmeesterschap-georiënteerde mensheid is centraal, en de kerk moet dat erkennen; christenen zijn slechts een deel van het geheel, een onderdeel van de groep "rentmeesters." Dit werpt de vraag op: is het de roeping van christenen en van de kerk (=deel) om op te gaan in de wereld (=geheel), zonder enige erkenning van hun status als Nieuwe Tempel en Nieuwe Schepping?[96]

---

[95] *666: Het getal des menschen*, bl. 48.

[96] Dumbrell, *The End of the Beginning*, hfdst. "The New Temple" [De nieuwe tempel] en "The New Creation" [De nieuwe schepping].

Zoveel is duidelijk: we weten nu wie de "wij" is aan wie World Vision refereerde in haar statement over actie op milieugebied (zie bl. 34 hierboven). Het is een *mensheid zonder onderscheid*.

Waar we hier mee te maken hebben is niets minder dan de opname in een broederschap-van-de-mens universalistische religie. Mauro presenteert hier een scherpzinnige analyse en kritiek over.[97] Het socialistische kader heeft zich sindsdien uitgebreid in de gebieden van ras, gender, en het milieu, om er een paar te noemen. Maar de basiskenmerken blijven overeind.

"Het geloof der wereld is gegrond op den mensch. Het grondbeginsel van dat geloof is, dat de mensch het ingeschapen vermogen bezit om zichzelven boven alle kwade omstandigheden te verheffen en alle hinderpalen te overwinnen, die zijn vooruitgang belemmeren" (bl. 44). Dit maakbaarheidsgeloof wordt overal in christelijke werken over "earthkeeping" teruggevonden. Het christendom wordt niet als *de* oplossing voor een gevallen wereld gezien; in tegendeel, christenen (dat iets anders is) moeten aan een oplossing *bijdragen*. Maar Mauro maakt hier het overduidelijke punt: "Het [is] eene grondstelling van de Christelijke leer, dat de mensch onmachtig en onbetrouwbaar is. 'Vertrouwt niet op prinsen,' (Ps. 146: 2). 'Vervloekt zij de man, die op den mensch vertrouwt en vleesch tot zijn arm stelt' (Jer. 17: 5). Het is onmogelijk een godsdienstig stelsel te bedenken, dat principieeler tegenover het Christendom staat dan een, welks voornaamste leerstuk is, dat de mensch mag en moet vertrouwen op zijn eigen inklevend vermogen en goedheid" (bl. 44). Denken onze christelijke milieuactivisten werkelijk dat eenvoudige samenwerking met de wereld de doelen van God verwezenlijkt?

Wee, Babylon

We zijn hals over kop in een toestand beland die steeds zelfbewuster God verloochent. De mensheid heeft besloten om haar problemen op eigen kracht en op eigen voorwaarden op te lossen. Hoe klinkt dit? Een reprise van de toren van Babel? Wie kan het daar nu mee oneens zijn? Mauro licht toe:

---

[97] *666: Het getal des menschen*, bl. 55 e.v.

Dientengevolge is vertrouwen in de menschheid de idee, die bij voorkeur aller denken boeit. Daaronder moet dan niet verstaan worden het vertrouwen van een individu in zichzelven, want dit is geheel iets anders. Bedoeld is een collectief zelfvertrouwen. De massa's zijn door zeer onderscheidene leermeesters ijverig geleerd en dat met verschillende bedoelingen, dat men de menschheid als een geheel zich moet denken. In de behandeling der vraagstukken van den dag wordt veel werk gemaakt van de belangen, vooruitzichten, welvaart en vooruitgang der 'Maatschappij', veel meer dan van de enkelingen. Men heeft het meer over de menschheid dan over mannen en vrouwen.... De menschen zien op de menschheid zelve, op haar eigen daden, haar vindingrijkheid, bedrijvigheid en durf en welke andere vermogens zij ondersteld wordt te bezitten, hetzij deze reeds ontwikkeld zijn, hetzij deze nog komen moeten, om het goede aan te brengen, dat voor de gezamenlijke menschheid in uitzicht is gesteld (bl. 45).

Wat staat dit in de weg? De leer van het christendom, dat verkondigt dat er geen verenigde mensheid bestaat, maar juist een grote verdeeldheid in de mensheid die alleen door een allerlaatste scheiding kan worden geëlimineerd. Zoals Mauro opmerkt, "De verspreiding van het denkbeeld van de solidariteit der menschheid, of van de meening, dat de belangen van alle menschen wezenlijk steeds dezelfde zijn... heeft ... de strekking de belangrijke leer der H. Schrift te niet te doen dat inplaats van een vereenigde menschheid, die een gemeenschappelijke bestemming heeft, er twee groote groepen der menschheid zijn, de eene samengesteld uit hen, die leven uit het geloof in den Zoon van God, en de andere uit hen, die dat leven niet hebben; de eene omvattende de kinderen Gods en de andere de kinderen des toorns" (bl. 46).

Dit is niet slechts eschatologisch. Het loopt recht door de relaties, het beleid, de bestemming van de naties in het hier en nu heen. En de uiterlijke vorm die het aanneemt is de eliminatie van verschillen, de dingen die in de weg van unificatie staan. Een van deze is nationale soevereiniteit, dat relikwie van Gods genadevolle oordeel over de originele toren van Babel. Dat struikelblok moet verwijderd worden om plaats te maken voor een transnationale overheid. Een ander blok is, uiteraard, de kerk, met haar boodschap van redding in Christus alleen. "Want wij zijn voor God een aangename geur van Christus, onder hen die zalig worden en onder hen die verloren gaan; voor de laatsten een doodsgeur, die leidt tot de dood, maar voor de eersten een levensgeur, die leidt tot het leven. Maar wie is tot deze dingen bekwaam?" (2 Cor. 2: 15–16). De kerk staat eenwording in de weg; daarom moeten maatregelen genomen worden om een eenwording van de mensheid te bereiken.

Het denkbeeld van een vereenigde menschheid is een schitterende en betooverende opvatting. Het boeit de verbeelding en is instaat om de noodige geestdrift te verwekken, die het welslagen verzekert. Welk doel zou den mensch waardiger zijn om er zijne wonderbare vermogens en bekwaamheden voor aan te wenden dan de verbanning van alle armoede, wreedheid, zelfzucht, oorlog en andere kwalen, die ellende over de menschheid brengen? En dat alles, en meer nog, kan verkregen worden door de éénwording der menschelijke maatschappij; de samensmelting van alle menschelijke eenheden in een groote broederschap, waarin de rechten van alle enkelingen gelijkelijk geheiligd en gelijkelijk het belang van het geheel zullen zijn (Mauro, bl. 49).

"En de HEERE zei: Zie, zij vormen één volk en hebben allen één taal. Dit is het begin van wat zij gaan doen, en nu zal niets van wat zij zich voornemen te doen, voor hen onmogelijk zijn" (Gen. 11: 6).

Dit bekoorlijk ideaal bedoelt niet bloot industrieele eenwording, maar ook de harmonieering van alle godsdienstige inzichten. Inderdaad, een algemeene godsdienst is een beslist vereischte, indien het ideaal ooit verwezenlijkt zal worden: want niets heeft meer aanleiding tot haat, vijandschap en bloedstorting gegeven dan botsing van godsdienstige gezichten. De godsdienstige tegenstellingen moeten geheel uitgewischt zijn. Vandaar de groote aandrang en de krachtige pogingen om allen godsdienstigen strijd te doen ophouden zoowel als alle industrieele worsteling. De groote gedachte, welke heden ten dage het hart van de menschheid sneller doet kloppen, is niet anders dan herhaling van hetgeen te Babel plaatsgreep, toen de Heere de talen verwarde en hen vandaar uit over de oppervlakte van de geheele aarde verspreide. En wanneer deze voorgestelde vereeniging van de menschheid volkomen is, zullen de hereenigde elementen der menschelijke maatschappij de gelegenheid hebben om den bouw weder op te nemen van den toren, welks top tot in den hemel moest reiken (Mauro, bl. 49–50).

Is dit waartoe christenen geroepen zijn? Om onderscheid uit te wissen; om Voltaire zijn advies op te volgen en *écrasez l'infâme*? Moge het nooit zo zijn!

Want u bent de tempel van de levende God, zoals God gezegd heeft: Ik zal in hun midden wonen en onder hen wandelen, en Ik zal hun God zijn en zij zullen Mijn volk zijn.

Ga daarom uit hun midden weg en zonder u af, zegt de Heere, en raak het onreine niet aan, en Ik zal u aannemen, en Ik zal u tot een Vader zijn, en u zult Mij tot zonen en dochters zijn, zegt de Heere, de Almachtige (2 Kor. 6: 16–18).

Want dan, en alleen dan "zal de schepping zelf bevrijd worden van de slavernij van het verderf om te komen tot de vrijheid van de heerlijkheid van de kinderen van God" (Rom. 8: 21).

"Hij Die van deze dingen getuigt, zegt: Ja, Ik kom spoedig. Amen. Ja, kom, Heere Jezus" (Openb. 22: 20).

CONCLUSIE

Bekommert God Zich om ossen? Ja, dat doet hij. Maar dat betekent niet dat hij hen, of ieder ander schepsel, op hetzelfde niveau als mensen plaatst. Zoals we hebben gezien is Paulus expliciet: "Of zegt Hij dit vooral om ons? Jawel, om ons is geschreven dat wie ploegt, in hoop hoort te ploegen, en dat wie in hoop dorst, het deel waarop hij hoopt, hoort te krijgen" (1 Kor 9: 10). God spreekt *helemaal* [pantós] voor ons, wat compleet, geheel betekent. In andere woorden is de os niets tenzij hij in relatie met de mens wordt gebracht. In het verlengde hiervan is de natuur zelf niets tenzij het in relatie met de mens wordt gebracht. God gebruikt de natuur in Zijn opleiden van de mens, Zijn disciplineren van de mens, Zijn straffen van de mens, zoals zo rijkelijk in passages zoals Deuteronomium 8 (zie bl. 54) wordt geïllustreerd. De goedheid, pracht en overvloed aan de ene, en de boosaardigheid en vrees aan de andere kant zijn instrumenten in Gods hand om Zijn kinderen te disciplineren en Zijn koninkrijk teweeg te brengen. Beloning en straf – dit is het doel van de natuur zoals in de Schrift wordt geopenbaard.

Om Jezus te parafraseren (Markus 2: 27):

DE NATUUR IS ER VOOR DE MENS, EN NIET DE MENS VOOR DE NATUUR

Dus kan rentmeesterschap niet natuurgericht zijn. Het kan niet zo zijn dat de mens de natuur moet dienen. Dit is een omkering van de door God gegeven orde. En het is een overtreding van het tweede van de Tien Geboden (zie bl. 44 hierboven). We moeten deze gesneden beelden van de natuurlijke wereld – want dat is wat ze zijn – niet dienen. We moeten niet voor deze denkbeeldige geromantiseerde constructies neerbuigen, die opgericht zijn om de plek van collectieve aanbidding van de enige waarachtige God op te vullen. En we moeten ermee ophouden om deze valse leer in kerken, op preekstoelen, in Bijbelstudiegroepen, en waar deze doctrine besproken wordt te verspreiden, "opdat wij geen jonge kinderen meer zouden zijn, heen en weer geslingerd door de golven en meegesleurd door elke wind van leer, door het bedrog van de mensen om op listige wijze tot dwaling te verleiden" (Ef. 4: 15). Het wordt tijd dat we dit een halt toeroepen, precies omdat we dan de tempel kunnen bouwen, waarmee de aanwezigheid van God, en zo het Paradijs, hersteld kan worden.[98] Hoe doen we dat? Paulus zegt, "door ons in liefde aan de waarheid te houden." De *waarheid* in liefde te houden. Liefde spreekt waarheid niet tegen! Wij moeten dit doen, zodat we "in alles toe zouden groeien naar Hem Die het Hoofd is, namelijk Christus," want "Van Hem uit wordt het hele lichaam samengevoegd en bijeengehouden door elke band die ondersteuning geeft, overeenkomstig de mate waarin ieder deel werkzaam is. Zo verkrijgt het lichaam zijn groei, tot opbouw van zichzelf in de liefde" (Ef. 4: 15–16). Zo zal dit lichaam groeien, deze tempel waaruit échte zegen zal komen, zelfs over de natuurlijke wereld. Want valse leer doet niemand iets goeds, zeker de natuur niet.

Er kan daarom niet zoiets als rentmeesterschap van de natuur in zijn geheel bestaan behalve op de meest analoge, zelfs allegorische manier. We moeten ten minste de Bijbel serieus nemen, in plaats van het voor onze denkbeeldige ideologische karretjes te spannen. Concreet gezegd is er rentmeesterschap voor het een of andere eigendom, rentmeesterschap voor deze of gene groep, vereniging of organisatie; er is geen rentmeesterschap waardoor eigendom, en dat wat eigendom met zich meebrengt, wordt kortgesloten door de expliciete of impliciete uitoefening van een verondersteld alomvattend eigendomsrecht van de staat.[99] Privé-eigenaren zijn rentmeesters onder God, verantwoordelijk aan Hem voor hoe ze hun eigendom gebruiken. "Ik ben de HEERE – dat is Mijn Naam; Mijn eer zal Ik aan geen ander geven" (Jesaja 42: 8) – zelfs niet aan de staat. Dat is de Bijbelse doctrine omtrent rentmeesterschap.

En zo komen we bij het einde van onze excursie in de betekenis van deze doctrine. Slechts één concluderende opmerking: Het basisprobleem dat christelijke milieuactivisten confronteert is dat hij of zij een rentmeesterschap vooruitzet dat helemaal geen rentmeesterschap is, gezien de aard van de zaak *Ni Dieu ni maître* [Noch God noch meester] is. Dit komt omdat de seculiere mens, met wie zo vurig samenwerking gezocht wordt, een meester (=God) niet erkent. Daarom is "rentmeesterschap" die door

---

[98] David Chilton, *Paradise Restored* [Het Paradijs hersteld].

[99] Raadpleeg hierboven "Publiek- en privaatrecht," pp. 74ff. Voor meer hierover, zie *A Theology of Nature*, bl. 24–29.

de gehele mensheid uitgeoefend wordt een loze term. De uitkomst is overheersing, geen rentmeesterschap – een overheersing waarin een bepaald deel van de mensheid een hegemonie over de rest uitoefent, allemaal in naam van de redding van de planeet. Is dit de vorm van rentmeesterschap die verantwoording aan de Schrift aflegt? Wij menen van niet.

NASCHRIFT: Dit boek is geschreven als een aanvulling op mijn vorige boek *A Theology of Nature*. Tijdens het schrijven van dat boek realiseerde ik me dat het onderwerp-rentmeesterschap een studie van boeklengte verdiende. Omgekeerd worden veel onderwerpen die in dit boek zijn besproken daar uitgebreider behandeld. Degenen die dieper op die onderwerpen willen ingaan, wordt aangeraden dat boek te raadplegen.

BIBLIOGRAFIE

Alexander, T. Desmond. *From Eden to the New Jerusalem: An Introduction to Biblical Theology*. Grand Rapids, MI: Kregel Academic, 2008. ebook.

Alvarado, Ruben. *A Common Law: The Law of Nations and Western Civilization*. 2nd ed. Aalten, the Netherlands: WordBridge Publishing, 2019.

—. *A Theology of Nature*. Aalten, The Netherlands: WordBridge Publishing, 2020.

—. *Calvin and the Whigs: A Study in Historical Political Theology*. Aalten, the Netherlands: Pantocrator Press, 2017.

—. *The Debate that Changed the West: Grotius versus Althusius*. Aalten, the Netherlands: Pantocrator Press, 2018.

—. *Trojan Horse: Natural Rights and America's Founding*. Aalten, NL: WordBridge Publishing, 2022.

Beale, G. K. *The Temple and the Church's Mission: A Biblical Theology of the Dwelling Place of God*. Downers Grove, IL: InterVarsity Press, 2004.

Beisner, Calvin. *Where Garden Meets Wilderness: Evangelical Entry into the Environmental Debate*. Grand Rapids, MI: Acton Institute for the Study of Religious Liberty/Wm. B. Eerdmans Publishing Company, 1997.

Bellomo, Manlio. *The Common Legal Past of Europe, 1000–1800*. Vert. Lydia G. Cochrane. Washington, D.C.: The Catholic University of America Press, 1995.

Berman, Harold. *Law and Revolution: The Formation of the Western Legal Tradition*. Cambridge, MA: Harvard University Press, 1983.

Block, Daniel I. "To Serve and to Keep." *Keeping God's Earth: The Global Environment in Biblical Perspective*. Ed. Noah J. Toly and Daniel I. Block. Downers Grove, IL: IVP Academic, 2010. 116–140.

Botkin, Daniel. *25 Myths That Are Destroying the Environment: What Many Environmentalists Believe and Why They Are Wrong.*

Guilford, Connecticut: Taylor Trade Publishing, 2017.

—. *Discordant Harmonies: A New Ecology for the Twenty-First Century*. New York: Oxford University Press, 1990.

Breier, Idan. "Animals in Biblical and Ancient Near Eastern Law: Tort and Ethical Laws." *Journal of Animal Ethics* 8.2 (2018): 166–181.

Carson, Rachel. *Dode Lente*. Vert. S.J.E. Pannekoek-Westenburg. Amsterdam: H.J.W. Becht, 1963.

—. *Silent Spring*. Boston: Houghton Mifflin Company, 1962.

Chilton, David. *Paradise Restored: A Biblical Theology of Dominion*. Tyler TX: Dominion Press, 1985.

Commoner, Barry. *Overleven we dit?* Vert. A.G. Jongejans-Meijer. Amsterdam/Brussel: Elsevier, 1972.

—. *Science and Survival*. New York: Viking Press, 1966 [1963].

—. *The Closing Circle: Nature, Man, and Technology*. New York: Alfred A. Knopf, 1971.

Dooyeweerd, Herman. *De verhouding tusschen individu en gemeenschap in de Romeinsche en Germaansche eigendomsopvatting*. n.c.: n.p., 1938.

Duby, Georges. *De drie orden: het zelfbeeld van de feodale maatschappij 1025–1225*. Vert. Betsy Raymakers. Amsterdam: Elsevier, 1985.

—. *Ridder, vrouw en priester: de middeleeuwse oorsprong van het moderne huwelijk*. Vert. Roland Fagel en Luuk Knippenberg. Amsterdam: H.J.W. Becht, 1985.

Dumbrell, William J. *Covenant and Creation: An Old Testament Covenant Theology*. 2nd. Milton Keynes: Paternoster, 2013.

—. *The End of the Beginning: Revelation 21–22 and the Old Testament*. Homebush West NSW, Australia: Lancer Books, 1985.

Dyrness, William A. *Let the Earth Rejoice!: A Biblical Theology of Holistic Mission*. Westchester, IL: Crossway Books, 1983.

Ellicott, Charles John, red. *An Old Testament Commentary for English Readers by Various Writers*. London: Cassell, Petter, Galpin & Co., 1882.

Granberg-Michaelson, Wesley. *Ecology and Life: Accepting Our Environmental Responsibility*. Waco, TX: Word Books, 1988.

Hall, Douglas John. *The Steward: A Biblical Symbol Come of Age*. Grand Rapids, MI: Wm. B. Eerdmans Publishing Company, 1990.

Hayek, Friedrich. *Law, Legislation and Liberty*. 3 vols. Chicago: University of Chicago Press, 1973-1979.

Hommes, H.J. van Eikema. *De wijsgerige grondslagen van de rechtssociologie*. Deventer/Zwolle: Kluwer/W.E.J. Tjeenk Willink, 1986.

—. *Hoofdlijnen van de geschiedenis van de rechtsfilosofie*. Deventer: Kluwer, 1973.

Hyneman, Jared en Christopher Shore. *Why Are We Stewards of Creation? World Vision's Biblical Understanding of How We Relate to Creation*. Natural Environment and Climate Issues, 2013.

Italie, Enoch. *Bijbels Hebreeuws-Nederlands Woordenboek*. Rotterdam: Nevens, 1907.

Kantorowicz, Ernst. *The King's Two Bodies: A Study in Medieval Political Theology*. Princeton: Princeton University Press, 1957.

Kline, Meredith G. *Kingdom Prologue: Genesis Foundations for a Covenantal Worldview*. Overland Park, KS: Two Age Press, 2000.

Leopold, Aldo. *A Sand County Almanac*. Oxford: Oxford University Press, 1949.

Mauro, Philip. *666: Het getal des menschen*. Kampen: J.H. Kok, 1915.

—. *The Number of Man: The Climax of Civilization*. New York et al.: Fleming H. Revell Company, 1909.

Mauser, Ulrich W. *Christ in the Wilderness: The Wilderness Theme in the Second Gospel and its Basis in the Biblical Tradition*. Naperville, IL: Alec R. Allenson, Inc., 1963.

McIlwain, Charles Howard. *Constitutionalism: Ancient and Modern*. Ithaca, NY: Cornell University Press, 1947.

Merz, Annette en Trees van Montfort. „Permacultuur en Groene Theologie." *Pardes: Bronnen van Joodse Wijsheid* (2021). <https://stichtingpardes.nl/leerhuisonline/permacultuur-en-groene-theologie>.

Morales, L. Michael. *Who Shall Ascend the Mountain of the Lord? A Biblical Theology of the Book of Leviticus*. Downers Grove, IL:

InterVarsity Press, 2015.

Niebuhr, H. Richard. *The Purpose of the Church and Its Ministry: Reflections on the Aims of Theological Education*. New York: Harper & Row, Publishers, 1956.

Noordmans, Oepke. *Liturgie*. Amsterdam: Uitgeversmaatschappij Holland, 1939.

Och, Bernard. "Creation and Redemption: Towards a Theology of Creation." *Judaism* 44.2 (1995): 226–243.

Radbruch, Gustav. *Rechtsphilosophie*. 8th. Stuttgart: K.F. Koehler Verlag, 1973.

Radbruch, Gustav. "Von Individualistischen zum sozialen Recht." *Der Mensch im Recht*. Göttingen: Vandenhoeck & Ruprecht, 1957.

Reich, Charles. *Bloemen in Beton: Hoe de revolutie van de jongeren Amerika leefbaar probeert te maken*. Vert. Louis Ferron. Bloemendaal: Uitgeverij H. Nelissen N.V., 1971.

—. *The Greening of America*. New York: Random House, 1970.

Reumann, John. *Stewardship and the Economy of God*. Grand Rapids, MI: William B. Eerdmans Publishing Company, 1992.

Skinner, Quentin. *Foundations of Modern Political Thought*. 2 vols. Cambridge: Cambridge University Press, 1978.

Southern, R. W. *Western Society and the Church in the Middle Ages*. London: Penguin Books, 1970.

Stark, Rodney. *The Victory of Reason: How Christianity Led to Freedom, Capitalism, and Western Success*. New York: Random House, 2005.

Strayer, Joseph R. *On the Medieval Origins of the Modern State*. Princeton, NJ: Princeton University Press, 1970.

Tolkien, J. R. R. *The Letters of J. R. R. Tolkien*. Red. Hunter Carpenter en Christopher Tolkien. Boston: Houghton Mifflin Company, 1981.

Ullmann, Walter. *A History of Political Thought: The Middle Ages*. Harmondsworth, Middlesex, England: Penguin Books, 1965.

Van Dyke, Fred, et al. *Redeeming Creation: The Biblical Basis for Environmental Stewardship*. Downer's Grove, IL: InterVarsity

Press, 1996.

Walton, John. *The Lost World of Adam and Eve: Genesis 2–3 and the Human Origins Debate.* Downers Grove, IL: InterVarsity Press, 2015.

Wenham, Gordon. "Sanctuary Symbolism in the Garden of Eden Story." *Proceedings of the Ninth World Congress of Jewish Studies: Division A: The Period of the Bible.* Red. David Assaf. Jerusalem: World Union of Jewish Studies, 1985. 19–25.

Westermann, Claus. *Genesis 1–11: A Commentary.* Vert. John J. Scullion. Minneapolis, MN: Augsburg Publishing House, 1984 [1974].

White, Lynn. "The Historic Roots of Our Ecologic Crisis." *Science* 155 (1967): 1203–1207.

Wilkinson, Loren, red. *Earthkeeping in the Nineties: Stewardship of Creation.* Grand Rapids, MI: Wm. B. Eerdmans Publishing Co., 1991.

—. *Earthkeeping: Christian Stewardship of Natural Resources.* Grand Rapids, MI: William B. Eerdmans Publishing Company, 1980.

Young, Richard A. *Healing the Earth: A Theocentric Perspective on Environmental Problems and their Solutions.* Nashville: Broadman & Holman, 1994.

ALGEMENE REGISTER